GRAPPA

Collection Rolf Heyne

BIBIANA BEHRENDT

Grappa

DER GUIDE
FÜR KENNER
UND GENIESSER

MIT FOTOS VON BODO A. SCHIEREN

COLLECTION ROLF HEYNE

Gewidmet der Erinnerung an Axel Behrendt (1958–1999), dessen Lebensfreude, Gedanken und Ideen in diesem Buch immer noch lebendig sind.

Bildnachweis:
APT Trentino 14, 19, 23, 35, 38, 42, 47, 49, 90, 141, 199;
Die Bilder auf Seite 11, 26, 30, 33, 53, 151, 191 und 217 wurden freundlicherweise von den im Buch vorgestellten Weingütern und Destillerien zur Verfügung gestellt. Alle Fotos der Grappaflaschen und -gläser von Bodo A. Schieren.

www.collection-rolf-heyne.de

Umschlag- und Buchgestaltung:
Jürgen Welte, München
Redaktion, Satz und Herstellung:
bookwise Medienproduktion GmbH, München
Lithografie: Lanarepro
Druck und Bindung: Printer Trento
Printed in Italy

ISBN 3-89910-198-7

Inhalt

Vorwort

Nahezu 10 Jahre sind vergangen, seit *Grappa – der Guide für Kenner und Genießer* erstmals erschienen ist. Heute kann man sich kaum noch vorstellen, dass es eine Zeit gab, in der keine filigranen Glasflaschen voller edelster Grappa beim Italiener auf dem Digestifwagen standen – ja, dass es diesen Digestifwagen dort überhaupt nicht gab. Meist hatte der Padrone eine einzige dickwandige Glasflasche voll Tresterbrand hinter der Theke stehen, die er aus Gründen der Familienehre seinem schwarzbrennenden Cousin abkaufen musste. Diese Zeiten waren schön und in der Rückschau hat uns auch der Chianti aus der Korbflasche geschmeckt.

Aber schon damals gab es auch Gourmets wie etwa den Verleger Rolf Heyne. Genießer und Lebenskünstler, die auf ausgedehnten Italienreisen eine ganz andere italienische Küche erlebt hatten. Es war die Zeit, in der der junge Autor Axel Behrendt seine Kollegin, spätere Frau und schließlich Witwe Bibiana in das erste italienische Lokal einlud, das sich hierzulande mit einem, schließlich zwei Michelinsternen schmücken durfte: zu Da Gianni in Mannheim, wo wir uns kennen und lieben gelernt hatten. Wen wundert's, dass uns der erste gemeinsame Urlaub in die Toskana führte? Dass mir heute noch der Geschmack von Himbeeren con la Grappa auf der Zunge liegt? Dem weitsichtigen Verleger Rolf Heyne ist es zu verdanken, dass die Grappa ihren Weg vom Bauernbrand zur Edelspirituose nicht unter Ausschluss der Öffentlichkeit ging. Ihm fiel auf, dass auch beim Spitzenitaliener immer häufiger Nobel-Grappa auftauchte – inzwischen eine zeitgeistige Spirituose aus Italien in elegantem Outfit. Sicherlich war das ein Stoff für ein solide recherchiertes und erstklassig geschriebenes, vor allem aber schönes Buch, das in seine »Collection Rolf Heyne« passen könnte! Als wir dem Verleger zusagten, dieses Buch für ihn zu verfassen, standen auch wir längst im Banne der Grappa. Eine leidenschaftliche Liebe durfte ihren adäquaten Ausdruck finden. Heute hat Grappa den Gipfel der internationalen Spirituosenwelt längst erreicht und ist immer noch genauso faszinierend und edel wie damals. Manche Schönheiten altern eben nie.

Ich danke meiner Verlegerin Anja Heyne, die wie ich viel zu früh Witwe wurde, dass diese Hommage an die Diva La Grappa wieder erscheinen darf – komplett neu erarbeitet und auf dem Stand des Jahres 2003, strahlt *Grappa* hoffentlich auch heute noch die Lebensfreude aus, die seine Entstehung vor 10 Jahren begleitete.

Bibiana Behrendt

Vom Bauernschnaps zur Edelspirituose

Eine außergewöhnliche Karriere

So jung die Erfolgsgeschichte der modernen Grappa auch ist – die historischen Wurzeln dieser Weinspirituose reichen weit in die Vergangenheit zurück. Über den Ursprung ist allerdings wenig bekannt und noch weniger geschichtswissenschaftlich belegt. Einiges lässt sich jedoch vermuten oder auch mit Wahrscheinlichkeit annehmen. Schon in der Antike wurden in Ägypten Trauben angebaut – die frühesten Funde stammen aus der ersten Dynastie, die um 3000 v. Chr. regierte. 2000 Jahre später, also um 1000 v. Chr. kannte man die Kunst der Destillation – die Herstellung von ätherischen Ölen war damals in Ägypten bereits Alltag. Ist es da nicht vorstellbar, dass irgendein ägyptischer Kosmetiker auch einmal den kostbaren Wein zu einer hochprozentigen Essenz verfeinern wollte? Oder sich aber mit den Traubentrestern begnügte, gerade weil der Wein in jener Zeit Kultstatus besaß und man nichts vergeuden wollte? Der Ursprung des heutigen Wortes Alkohol führt jedenfalls nach Ägypten und Arabien: *al khol* bezeichnete zunächst einmal das in Ägypten und später Arabien begehrte Antimonpulver, dessen kosmetische Wirkung heute noch im Khol-Kajalstift zum Schwarzfärben der Augenbrauen weiterlebt – eine Bedeutung, die nur wenig später auch auf Trinkalkohol ausgedehnt wurde.

Die aktivsten Weinhändler der Antike waren die Phönizier, die das begehrte Getränk in alle Mittelmeerhäfen brachten, also auch ans Nildelta und ins Land der Italer. Archäologische Funde in Italien lassen darauf schließen, dass zur gleichen Zeit einerseits die Etrusker in Nord- und Mittelitalien schon Wein anbauten, das Wissen darum andererseits den Italern im Süden des Landes von griechischen Einwanderern beigebracht wurde. Mit der Besiedelung des von ihnen *Magna Graecia* genannten Südens von Italien erkannten die Griechen die Möglichkeiten der fruchtbaren Böden und des vorteilhaften Mikroklimas für den Anbau von Weintrauben.

In der Folge war bald die gesamte italienische Halbinsel mit Weinbergen übersät und wurde als *Enotria Tellus*, Land der Rebstöcke, verherrlicht. Mit der zunehmenden Bedeutung, die die Metropole Rom in Italien und dann in Europa gewann, wurde auch dem Weinstock der Weg gebahnt. Wo immer römische Legionäre ihr Pensionärsdasein verbrachten, pflanzten sie die heimatlichen Reben an. Der Wein eroberte auf diese Weise nicht nur Frankreich, Deutschland und Österreich sondern auch die britischen Inseln. Der Rohstoff für Weinbrand und Tresterschnaps war vorhanden.

Auf die Technologie der Destillation musste Europa noch einige Jahrhunderte warten. Anfang des 5. Jahrhunderts sollen Burgunder die Kunst der Destillation mit nach Friaul gebracht haben, sagen die einen – andere Historiker wiederum vertreten die Auffassung, die Friulaner hätten schon zuvor etwas vom Brennen verstanden. Wieder andere datieren die Anfänge auf das 9. Jahrhundert, als Sizilien von den Arabern besetzt war. Allesamt glaubwürdige Theorien – aber keine davon bewiesen. Belegbar ist nur, dass sämtliche von muslimischen Mauren beherrschten Gebiete in den Genuss von trinkbaren Destillaten kamen – zu rein medizinischen Zwecken natürlich! Dabei sieht es so aus, als müsse die Grappa ihrem Bruder, dem Weinbrand, den historischen Vortritt lassen.

Die ersten Dokumente über die Destillation von Wein in Italien stammen aus dem 11. Jahrhundert, die ersten historisch belegten Brandys aus Spanien wurden um 1290 von dem Medizinprofessor, Weinautor und Destillateur Arnaldus von Villanova gebrannt, der die Kunst der Destillation im maurischen Córdoba erlernt und sogleich am dortigen Wein ausprobiert hatte. Die Destillation, von Mönchen gelehrt und von Jesuiten später technisch perfektioniert, wurde zum wichtigsten Werkzeug der Alchimisten des Mittelalters und der Renaissance. Die erste Urkunde, die Grappa explizit erwähnt, stammt dagegen erst aus dem Jahre 1451. In einem notariellen Testament aus diesem Jahr vermacht ein piemontesischer Erblasser seinen Nachkommen unter anderem den Keller mit seinem hochprozentigem Inhalt: *unum ferrum ad faciendam aquavitem* – Aquavit, der im selben Dokument präzisierend als *grape* bezeichnet wird. Allerdings könnte damit aber auch der seit 1443 urkundlich im Piemont nachgewiesene *Branda* gemeint sein, ein Brand aus ganzen Barbera- und Moscato-Trauben, die angepresst vergoren und anschließend destilliert wurden.

Der Wortstamm von *grape* – Grappa – dürfte aus dem mittelalterlichen Latein stammen, von *rapus* für Traube. Im Umgangslatein der norditalienischen Regionen war von *raspon* die Rede, von *rapo*, *grapo*, *rappe*, *raspe* – oder auch *graspa*, einer alte Bezeichnung für Trester, die manche Erzeuger bis heute beibehalten haben. Im 15. Jahrhundert wurde

Der Hut der Destillationsanlage:
Erst seine Kühlung macht das Destillieren möglich.

bereits reger Handel mit Grappe getrieben, bis hin zum Export in diverse Länder auf dem europäischen Kontinent. Die Herstellung wurde konzessioniert, und bereits damals erhob man unterschiedliche Zölle für Destillate aus Wein und aus Trester. Beispiel Toskana: Toskanischer Wein war schon damals in ganz Europa eine gefragte Handelsware. Je nach politischer Lage in dieser instabilen Zeit organisierte man den Vertrieb über Florenz, Siena oder Pisa nach Frankreich und Nordeuropa. Bald meldeten sich Kunden aus dem südlichen Mittelmeerraum, und Wein wurde andernorts zugekauft. Dieser Wein kam auch aus Kampanien, wo Aufzeichnungen die Kenntnis der Destillation schon im 11. Jahrhundert belegen.

Es ist kaum anzunehmen, dass mit dem kampanischen Wein nicht auch ein Fläschchen *Acqua vitae* den Weg in die Toskana fand und Neugierde auf die Technologie weckte, die solch interessante Ergebnisse hervorbrachte. Es wird wohl nicht lange gedauert haben, bis auch in der Toskana die Feuer unter den Brennkesseln brannten. Diese Region, die in schlimmen Zeiten das Haushalten gelernt hatte, wird wohl auch die Trester als Alkoholquelle entdeckt haben. Im 15. Jahrhundert jedenfalls trieben auch die Toskaner regen Handel mit Grappa, wie alte Aufzeichnungen der 1282 in Florenz gegründeten Weinhändlerzunft Arte dei Vinatieri belegen. Und Grappa kam in Mode: In den *Lettere* von 1542 erwähnt der Renaissancedichter Pietro Aretino einen Schnaps namens *Graspia*, 135 Jahre später schwärmt der Kardinal und Mäzen Rinaldo d'Este in einem Brief von *Grespia*, während sein Modeneser Landsmann Giovanni Vicini 1752 ein Bacchanal mit Wein und Grappa aus Modena beschreibt.

Aber war das wirklich Grappa, wie wir sie kennen? Im Piemont und anderswo meldet man (berechtigte) Zweifel an. Moderne Grappe gibt es offensichtlich erst seit Beginn des 19. Jahrhunderts. Unmöglich sei *Grape* mit Grappa gleichzusetzen, meint der alte Piemonteser Brennmeister, mit dem ich über das Dokument aus dem 15. Jahrhundert diskutiere, unmöglich! Damals hätte es nur die direkte Befeuerung als Beheizung der Brennblase gegeben und da brennen Trester so gut wie immer an. Grappa Pirelli ergäbe das statt Grappa Piemontese! – sagt er und grinst breit. Erst als um 1800 mit dem Wasserbad-Brennkessel eine Form der indirekten Erhitzung des Feststoffes Trester erfunden wurde, konnten saubere und für die Kehle genießbare Grappe gebrannt werden.

Was aber war davor? Der alte Mann lächelt nun noch verschmitzter, nachdenklicher. Ich merke ihm an, dass er schlechte Zeiten durchlebt und seine Lehren daraus gezogen hat. Verständnis spricht aus seinen Augen, Mitleid und Kummer. Er erzählt mir davon, wie die Steuerlast die Bauern gezwungen hatte, ihren Wein als Bezahlung abzuliefern. Wie ihnen nur der Trester blieb. So weit kenne ich die Geschichte. Aber ich habe sie scheinbar noch nie zu Ende durchdacht.

Natürlich, so wird mir jetzt klar, natürlich hat niemand den trockenen Trester gebrannt und empyreumatische, also nach Gummi (jetzt verstehe ich auch die Anspielung auf die Grappa Pirelli) stinkende Brände erzeugt. War doch ein Anbrennen damals so sicher wie das Amen in der Kirche. Die Trester wurden also eingeweicht, mit Wasser ausgelaugt und dann wieder abgepresst, denn in die kleinen Brennblasen der damaligen Zeit passte nicht beides: Trester und Wasser. So wurde dieser »Tresterwein« gebrannt, weil er als Trinkwein wirklich nicht mehr taugte – nicht einmal mehr fürs Bauernvolk. Schlichten Bauernschnaps ergab das. Nicht konzentrierte Essenz der aromareichen Schalen wie unsere heutige Grappa, sondern neutralen Alkohol, der nur entfernt mit dem duftenden Destillat aus richtigem Wein verwandt war. Kein Wunder, dass der Zoll auf *Grape* niedriger war als der auf Weinbrand, dass Cognac und Armagnac zu Weltgeltung aufstiegen, nicht aber die Grappa.

Es ist nur logisch, dass die Grappa, so willkommen sie vielen auch war, lange Zeit als Armeleuteschnaps galt, als Billigbrand ohne jedes Image, wie man heute sagen würde. Denn auch der neu erfundene Brennapparat kam nur selten dem Bauerntrester zugute. Er fand seinen Platz in den Villen und Landhäusern der Patrizier und wurde dem antiken Vorbild getreu eher zur Herstellung von Parfums verwendet als zur Destillation eines Tresterbrandes. Ausnahmen bestätigen diese Regel: Bei ihrer Hochzeit schenkte die österreichische Erbin Julia von Kreutzenberg ihrem Bozener Bräutigam einen kupferblitzenden Wasserbad-Alambicco als Teil ihrer Mitgift. Statt einer wohlduftenden Morgengabe für seine hochwohlgeborene Braut destillierte der findige Kaufmann allerdings lieber Trentiner Trester zu feinen Bränden – und hatte damit Erfolg. Nur zwei Jahre nach der Hochzeit krähte der Stammhalter der Bertagnollis in der Wiege und der Vater war Hoflieferant des Kaisers Franz Joseph geworden.

Die hochprozentige Kulturrevolution ließ auf sich warten. Erst im 20. Jahrhundert – genau genommen sogar erst ab den sechziger und siebziger Jahren – fand die Grappa bessere Voraussetzungen für den großen Karrieresprung: Inzwischen hatte sich eine hochstehende und international angesehene italienische Küche herausgebildet, eine *Cucina*, die in Europa und darüber hinaus kulinarische Wellen schlug und bald mit dem Weltruhm der französischen Cuisine gleichzuziehen begann. Parallel dazu nahm die italienische Weinkultur einen ungeahnten Aufschwung: Viele Winzer verlegten sich auf moderne, international im Trend liegende Rebsorten oder besannen sich auf uralte, schon fast in Vergessenheit geratene Traditionsgewächse. Sie ließen frischen Wind durch Kelter und Keller wehen, setzten vom Weinberg bis zum Fasslager auf Qualität und führten so immer mehr Kreszenzen an die Weltspitze.

In diesem Umfeld war die Entdeckung der Grappa Nuova geradezu zwangsläufig – Tresterbrände, in denen sich die Aroma- und Charaktereigenschaften der Weine konzentrieren ließen. Und Grappa als abrundendes Element, als genuss-

reiches i-Tüpfelchen auf einer niveauvollen Ess- und Trinkkultur. Eine Handvoll Destillateure und Winzer erkannten dieses Potenzial und leisteten Pionierarbeit, wurden zu Motoren eines unaufhaltsamen Grappa-Booms: Sie erfanden und erprobten neue Techniken, experimentierten mit rebsortenreinen Trestern oder mit ungewohnten Ausbaumethoden ... und sie signalisierten die gewonnene Qualität auch durch eine neue Verpackungsästhetik: Die bäuerlich-derbe, dickwandige Grappaflasche verwandelte sich in die fragile, mundgeblasene Kristallkaraffe aus Murano-Glas – nein, in eine ganze Glasmenagerie unterschiedlicher Formen und Farben und origineller Design-Ideen. Nicht das Sein, sondern das Design bestimmt oft genug das Dasein, sagten sich die Hersteller. Und das Auge trinkt schließlich mit ...

Das Augenmerk von Gastronomen und Genussmenschen wurde also auf den ursprünglich einfachen Bauernschnaps gelenkt, der nun wie ein Top-Model im raffinierten Kleidchen daherkam – wobei manches Prismenglas den Blick, insbesondere den für Qualität, auch irritieren kann, wenn nicht gar soll. Manchmal wünschte man sich damals, dem Inhalt würde die gleiche Sorgfalt gewidmet wie der Verpackung.

Die letzten 10 Jahre haben ein Umdenken bewiesen. Die Welt der Grappa orientierte sich wieder an ihren Wurzeln und hat sich in zwei Marktsegmente geteilt. »Unten« stehen Brände, die sich jedermann erlauben kann. Heute sind sie dank einer US-amerikanischen Erfindung in der industriellen Destillation der sechziger Jahre sauber und vor allem preiswert. Was ihnen an Eleganz fehlt, machen sie durch Feuer wett – 80 Prozent der italienischen Grappa wird so auf dem Markt platziert. Im Top-Segment der Monovitigno-und Winzer- Grappe liegt die Messlatte hoch und das Design spielt keine ausschlaggebende Rolle mehr, obwohl es nach wie vor bezaubernde Glasspielereien gibt. Dies ist die Welt der passionierten Weinliebhaber, die der Essenz ihrer geliebten Tropfen in ihrer leidenschaftlichsten Art nachspüren, geradlinig, rein und in ihrer ganzen dramatischen Intensität: Grappa, die verheißt, welches Aroma die Weinrebe in sich trägt und doch ihrem Wein selbst nie mitteilen wird – das Kind der Alchimisten hat seinen Zauber nicht verloren.

Der Fasskeller des Istituto Agrario di San Michele all'Adige – hier reift auch edelste Grappa.

Was ist Grappa?

Spielregeln fürs Kultdestillat

Im biblischen Buch der Richter steht geschrieben, dass der Weinstock der König der Bäume sein soll. Jeder Destillateur wird diesem Urteil sofort zustimmen, denn aus keiner anderen Frucht lassen sich so vielfältige und dabei stets hochedle Brände erzeugen. Ob Obstbrand aus ganzen Trauben, der andernorts in Europa Eau-de-Vie de Raisin oder Destillato d'Uva heißt, Deutscher Weinbrand, Cognac, Armagnac und Brandy de Jerez aus dem vergorenen Traubensaft, Marc-de-Lie, Hefe- oder Gelägerbrand aus der Weinhefe oder Treberbrand, Marc oder Grappa aus den Traubentrestern: die Frucht, der Saft, die Hefen und die Schalen – sie alle ergeben komplexe, faszinierende Spirituosen. Grappa ist das italienische Kind der Tresterbrände und wie seine Brüder Marc aus Frankreich und Treber aus Deutschland durch die direkte Destillation der Schalen ausgepresster Trauben gewonnen. Ein Destillat mit ganz eigenem Charakter, manchmal derb, meist vornehm und gut gezogen, während der gesamten Jugend vom strengen Auge des Gesetzes überwacht, nach der Reife dem Genießer als viel versprechender Debutant präsentiert.

Ihre Exklusivität haben die aus Italien stammenden Grappe mittlerweile allerdings eingebüßt. Die Spirituosenverordnung (EWG) Nr. 1576/89 erlaubt zwar den Begriff Grappa nur für in Italien hergestellte Tresterbrände und legt zudem geschützte Herkunftsbezeichnungen fest – ein Begriffsschutz, den die EU auch erfolgreich gegen Südafrika durchsetzen konnte, das den renommierten Namen für seine Tresterbrände reklamieren wollte. Der Schweiz, dem direkten Nachbarn Italiens mit italienischsprachiger Bevölkerung und einer gemeinsamen Tradition, mochte man aber das Recht auf den Begriff Schweizer bzw. Tessiner Grappa nicht verwehren. Italien erklärte sich schon 1990 bereit, den Begriff Grappa für Tresterbrände zuzulassen, die im italienischsprachigen Teil des Schweizer Kantons Tessin erzeugt wurden. Diese Vereinbarung wurde 1999 im gemeinsamen Handelsabkommen zwischen der EU und der Schweiz bestätigt. Erlaubt sind seither folgende Bezeichnungen für Schweizer Grappa: Grappa del Ticino, Grappa Ticinese, Grappa della Val Bregaglia, Grappa della Val Calenca, Grappa della Val Mesolina und Grappa della Vale di Poschina. Die italienischen Pendants lauten: Grappa di Barolo, del Friuli, della Lombardia, del Piemonte, del Trentino, del Veneto und Südtiroler Grappa.

Der aktuellen, europaweit gültigen Verordnung 1576/89 aus dem Jahr 1989 gingen mehrere Verordnungen voraus, mit denen der italienische Staat Qualitätssicherungsverfahren für Grappa gesetzlich zur Bedingung machte. Der Boom im italienischen Weinbau in den Nachkriegsjahren, der auch den Grappe eine kurze Hausse bescherte, hatte nicht nur positive Auswirkungen. Vielerorts wurde der historisch gewachsene und zum Markenzeichen avancierte Begriff Grappa auch auf Brände aus ganzen Trauben ausgedehnt, die leichter und billiger zu destillieren waren. Auch die Destillation von Tresterwein aus den mit Wasser versetzten Trestern kam erneut in Mode.

Mit der Verordnung 1559/51 aus dem Jahr 1951 wurde diesen Verfahren dann ein Riegel vorgeschoben: Obstbrände aus Trauben wurden explizit verboten, bei der Grappaherstellung wurden die Beschaffenheit des Rohstoffs Trester und die Herstellungsmethode, ja selbst der maximal zulässige Alkoholgehalt des Rohbrandes bis ins letzte Detail festgelegt. Das Reglement schreibt beispielsweise vor, dass die als Ausgangsmaterial verwendeten Maischereste der Weinbereitung ihre aromatragende Feuchtigkeit keinesfalls durch Auslaugung mit Wasser gewinnen dürfen. Lediglich Mostrückstände dürfen mit den Stielen, Schalen und Kernen destilliert werden. Selbst die nachträgliche Befeuchtung mit Pressmosten ist untersagt.

Dem Einsatz renommierter Destillerien aus dem Friaul unter Führung der Familie Nonino ist es zu verdanken, dass seit dem 27. November 1984 wieder Obstbrände aus Trauben gebrannt werden dürfen. Allerdings dürfen sich diese Destillate aus ganzen vergorenen Trauben trotz der nahen, besonders im Geschmack spürbaren Verwandtschaft nicht Grappe nennen – die aufgrund der schlechten Erfahrungen überaus strengen gesetzlichen Vorschriften untersagen das. Das Kriterium der unterschiedlichen Feuchtigkeit des Ausgangsprodukts führte mithin zu einem eigenen Gattungsnamen: Aquavite d'Uva.

Sowohl Grappe als auch Aquavite d'Uva unterliegen in der Herstellung einer weiteren Beschränkung: Sie müssen der

Handgerüttelter Talento-Spumante:
Aus den Trestern wird oft Grappa gebrannt.

direkten Destillation ihrer Ausgangsprodukte entstammen. Was beim feuchten Traubenmost problemlos ist, schafft beim trockeneren Trester Schwierigkeiten: Eine aufwendige Aufbereitung des Rohstoffes und kostenintensive Brennverfahren sind nötig, um die geschmacklichen Risiken der Direktdestillation zu minimieren. Gelingt der Brand allerdings, findet man beim Grappa eine Geschmacksfülle, die der reinere und weichere Aquavite d'Uva nicht in diesem Ausmaß vorweisen kann. Ein Reichtum an Aromastoffen, der zudem durch die Beschränkung des maximalen Alkoholgehaltes auf 86 Volumenprozent erhalten werden soll – je niedriger die Alkoholgradation bei Abschluss der Brennphase, desto intensiver und komplexer das Destillat.

Lagerung unter Zollverschluss und obligatorische Prüfverfahren vor der Abfüllung sichern zusätzlich die Qualität der italienischen Tresterbrände. Für ihren Variantenreichtum, die geschmackliche Vielfalt und Intensität zeichnen allerdings die Destillerien und Winzer verantwortlich, denen die strengen gesetzlichen Grenzen allemal genug Freiraum für eigene Kreativität und gediegene Handwerkskunst lassen.

Grape per la Grappa

Von der Traube zum Trester

Für alle Erzeuger, ob Winzer oder Destillerien, gelten dieselben gesetzlichen Vorschriften. Auch ihre Techniken scheinen sich auf den ersten Blick nicht allzu dramatisch voneinander zu unterscheiden – und doch präsentieren sich die einzelnen Grappe höchst unterschiedlich und summieren sich zu einer Aromawelt verschiedenster Typen und Charaktere. Um zu verstehen, wie der individuelle Geschmack in die Grappa kommt, muss man sich mit ihrer Herkunft beschäftigen: mit Wein und Weinbau.

Trotz der gravierenden Unterschiede zum Weinbrand, bei dem Wein destilliert wird: Auch die Grappa wurzelt schließlich im Weinberg, auch sie ist ein Produkt, dessen Entstehung mit dem Reifen der Traube am Weinstock beginnt. Die Qualität der Böden, die Auswahl der Rebsorte, das Mikroklima im Weinberg und die Witterung eines Jahres beeinflussen nicht nur den Wein, sondern auch die Grappa. Überlegungen des Winzers, seinen »Stil«, seine Vorstellungen von Weinbau und Rebpflege, seine Entscheidungen über Lesezeitpunkt und Vinifizierung der Weine wirken sich unmittelbar auf den Trester, den Rohstoff der Grappa, aus. Sie sind Grundlage für das spätere Destillat, für seine Güte, Aromafülle, für Charakter und Eigenarten. Die Faktoren, die den Geschmack einer Grappa prägen, lassen sich daher im Wesentlichen aus dem Weinbau ableiten.

Die Rebsorte

Als Reaktion auf die verheerende Reblauskatastrophe im vorletzten Jahrhundert, von der kaum eine Weinbauregion verschont blieb, wurden in intensiver Forschungsarbeit überall in Europa und Übersee zahllose neue Rebsorten gezüchtet, die althergebrachten durch Kreuzungen variiert und die Wahlmöglichkeiten für den Winzer erheblich erweitert. Die Liberalisierung sowie die teilweisen Nivellierungsmaßnahmen im Zuge des Zusammenwachsens der Europäischen Union taten ein Übriges.

Der Anbau von autochthonen, über Jahrhunderte durch wilde Mutationen der Urreben entstandenen regionaltypischen Sorten wurde entmutigt, teilweise gar verboten, stattdessen kamen Neupflanzungen ausländischer Züchtungen hinzu. Ob es nun an experimentellem Mut, an einer Anpassung an aktuelle Modeströmungen oder gar an Gesetzestreue lag: In den Keimzellen der italienischen Grappakultur – in Friaul, Venetien und im Piemont – wichen viele Pflanzungen der althergebrachten Rebsorten den im internationalen Trend liegenden Chardonnay, Sauvignon blanc, Cabernet Sauvignon und Pinot Noir. Natürlich hatte das auch Auswirkungen auf die Grappe.

Einige Rebsorten eignen sich nun einmal besser für die Herstellung von Grappa als andere, da sich in ihnen aromatragende Substanzen ausgeprägt konzentrieren: Aromen, die sich wie dem Wein auch dem Destillat mitteilen und zu mehr Identität in Duft und Geschmack führen. Beispiele dafür sind Riesling, Müller-Thurgau, Gewürztraminer oder Moscato. Mit etwas Übung lässt sich, vor allem bei Destillaten dieser Trester, die Rebsorte am prägnanten Geschmack erkennen. Andere Rebsorten vermitteln oft ein eher neutrales Aroma, das sich einem Destillat kaum mitteilt. Grappe aus solchen Sorten müssen deshalb qualitativ nicht schlechter sein, ihr Bukett und auch der Geschmack wird dafür den typischen Charakter eines Tresterbrandes zeigen. Allerdings: Wird vom Winzer oder Destillateur einer rebsortenreinen Grappa voll Stolz die Sorte angegeben, dann erwartet der Käufer natürlich auch Anklänge an die renommierte Rebe – und wird bisweilen enttäuscht, wie es etwa bei Grappe aus Chardonnay geschehen kann (für Informationen über den Charakter, den bestimmte Rebsorten ihren Grappe verleihen, siehe Kapitel Grappa Monovitigno).

Der Lesezeitpunkt

Beeinflussen kann der Winzer das Verhältnis von PH-Wert und Mostgewicht – das ganz wesentliche Kriterium für die Qualität des späteren Tresterbrandes – nicht nur durch die Wahl der Rebsorte, sondern ganz entscheidend auch durch die Wahl des günstigsten Lesezeitpunkts, an dem die Trauben einen Wein des gewünschten Charakters ergeben werden. Für den Wein ist die beste Zeit dann gekommen, wenn die Traube physiologisch ausgereift ist und sich eine Balance

Weinlese: Jetzt entscheidet sich auch die Qualität der Grappa.

zwischen der zunehmenden Zuckeranreicherung und der abnehmenden Säuregradation gebildet hat. Leider ist das nicht immer auch der ideale Lesezeitpunkt im Hinblick auf eine optimale Grappa, die bei einem höheren Säureanteil komplexer und fruchtiger werden könnte. In der Konsequenz heißt das also, dass die Trester eines Spitzenweines nicht unbedingt eine adäquate Grappa-Qualität garantieren, dass aber andererseits in weniger sonnenverwöhnten Jahren zumindest die Grappe ein hohes Niveau erreichen können.

Das Klima

Ein weiterer Faktor für das Niveau einer Grappa sind die klimatischen Voraussetzungen der Herkunftsregion. Je sonnenintensiver und wärmer ein Weinbaugebiet, desto schneller baut sich die Säure in den Trauben ab – womit das Destillat an Qualität verliert. Grappe aus den kühleren Regionen des Nordens werden in der Regel komplexer und eleganter erscheinen als die eher üppigen und breiter wirkenden Brände des Südens. Es kommt also nicht von ungefähr, dass der Siegeszug der Grappa in den rauen Weinbauregionen am Alpenrand Norditaliens seinen Ausgang genommen hat.

Die Entwicklung des Weinbaus in den südlichen Regionen hat allerdings dazu geführt, dass immer mehr Weine entstanden, die über ein stabiles Säurekorsett und feine Tannine verfügen. Während die mittelitalienischen Grappe, etwa aus der Toskana oder aus Umbrien, schon seit längerem durch ihre Feinheit und Harmonie begeistern, sind in den letzten Jahren auch Grappe aus Kampanien, Apulien, Kalabrien und Sizilien in die Spitzenklasse aufgestiegen. Gewachsenes Know-how der Winzer und bewusster Einsatz der Kellertechnik haben das Klima einer Region zu einem Faktor reduziert, der zwar zur Qualität einer Grappa beitragen kann, aber nicht mehr muss.

Die Mengenbegrenzung

Das steigende Interesse an gutem Wein auf der einen Seite, leider aber auch die Vorliebe vieler Verbraucher für billige statt preiswerte Weine hat in Italien wie andernorts zu einer

Schere im Weinbau geführt: Nach wie vor wird Massenware produziert und tanklastwagenweise nach Deutschland exportiert. Entsprechend sieht es auch mit billigen Grappe aus, die industriell aus den Trestern einfacher Weine produziert werden und namenlos im Supermarktregal stehen. Auf der anderen Seite wird immer mehr guter bis bester Wein von qualitätsorientierten Winzern erzeugt. Auf die Welt der Grappa übertragen bedeutet das: Die bewusst reduzierten Erträge haben nicht nur dem Wein zu mehr Extrakten, Fülle und Qualität verholfen; die Beschränkung auf geringere Hektarerträge hat den aromatischen Gehalt jeder einzelnen Traube deutlich erhöht, was auch dem Trester und damit der Grappa zugute kommt.

Die Trester

Trester oder Treber ist die önologische (weinbaukundliche) Sammelbezeichnung für die festen Rückstände der Traube, die nach der Kelterung, dem Abpressen des Mostes, zurückbleiben. Grundsätzlich können diese Kelterungsreste neben den Schalen auch Stiele, Stängel und Kerne beinhalten. Auf Qualität und Weichheit ihres Weines bedachte Winzer werden das Lesegut jedoch vor der Kelterung abbeeren, also von Stielen und Stängeln befreien, um die enthaltenen Bitterstoffe nicht durch das druckvolle Pressen in den Most geraten zu lassen. Ähnlich wird es inzwischen bei den zum Brennen bestimmten Trebern gehalten – die Destillerien lehnen mittlerweile die Annahme von Trestern aus nicht entrappten Trauben ab, weil sie für die Qualität der Grappa sonst nicht garantieren können.

Der Rohstoff, aus dem einmal eine individuelle Edelspirituose werden soll, ist bei der Anlieferung im Grunde nichts anderes als eine Wagenladung aromatisch süß nach Most duftender, in der Konsistenz an feuchtes Papier erinnernder Schalen. Deren Feuchtigkeit hat in den letzten Jahren merklich zugenommen, denn nur noch selten werden die Trauben heute bis auf den letzten Tropfen ausgepresst. Dadurch wird die Menge an Wein begrenzt, seine Qualität erhöht, und die Abgabe von unerwünschten Bitterstoffen an den Most wird minimiert. Dafür bleiben aromareiche Trester als Grundlage für ausgezeichnete Grappe übrig.

Die Kelterung und Fermentation

Auch wenn die Grappa in die Kategorie der nobelsten, teilweise gar der kostspieligsten Spirituosen aufgerückt ist – als Tresterdestillat ist sie im Grunde ein Abfallprodukt bzw. ein Nebenprodukt der Weinerzeugung. Deren Anforderungen bestimmen den Zustand der Trester nach Kelterung und Fermentation. Rebsorte und gewünschter Weintyp legen die Dauer der Gärzeit auf der Maische fest, also die Kontaktzeit von Traubenmost mit dem Trester. Die Trauben für einen frischen, spritzigen Weißwein etwa müssen sofort gekeltert werden, damit möglichst wenig Gerbstoffe aus den Schalen gelöst werden und die Fruchtsäure dieses Weines so rein wie möglich erhalten bleibt. Ganz anders bei einem langlebigen Rotwein mit tiefroter Farbe: Hier sind die Tannine und Farbstoffe der Schalen ausdrücklich erwünscht und werden durch extra lange Maischegärung extrahiert.

Entsprechend breit ist das Fermentationsspektrum der Trester bei Anlieferung in der Destillerie – dabei ist gerade

die Gärung einer der wesentlichen Einflussfaktoren für Art und Geschmack des Destillats. Die Brenner unterscheiden drei Haupttypen: den naturreinen, den halb vergorenen und den vergorenen Trester.

Der naturreine, unvergorene Trester fällt hauptsächlich bei der Weißweinerzeugung an und muss vor dem Brennen fermentieren. Eine riskante Sache: Zwar darf zur Unterstützung der Fermentation ein wenig Mosthefe zugesetzt werden, die Mengen sind aber streng reglementiert und können die Gefahr von Fehlgärungen nicht ausgleichen. Zudem verlieren die Kelterrückstände während der Lagerung an Feuchtigkeit, die dann nicht mehr ersetzt werden darf.

Halb vergorene Trester stammen meist aus der Produktion von Vini Chiaretti, den italienischen Rosés. Ihre kurze Maischegärung löst ein wenig Farbe aus den Schalen der roten Trauben, belässt dem späteren Wein aber seinen frischen Charakter. Die Trester erhalten während der Maischegärung Gelegenheit, aromatische Komponenten aus dem Most zu ziehen, der spätere Brand wird also geschmacksintensiver sein als sein Pendant aus der Weißweinkelterung. Auch diese Trester müssen vor der Destillation nachvergoren werden, um die restlichen Zuckerstoffe in Alkohol zu verwandeln. Die deutlich kürzere Lagerzeit mindert jedoch die Risiken des Destillateurs merklich.

Vorwiegend werden für Grappe vergorene Trester verarbeitet, entstanden aus Rotweintrauben, deren Most bis zum völligen Abschluss der Fermentation auf der Maische belassen wurde. Diese Trester haben sich durch den langen Mostkontakt mit aromatischen Hefeprodukten angereichert und können sofort destilliert werden – weshalb die Grappe aus Rotweintrestern in der Regel zu den charaktervollsten und saubersten Destillaten gehören.

Vom Rebstock bis zum destillationsfähigen Trester – das Handwerk der Winzer schafft die Voraussetzungen für die Kunst der Brennmeister.

Handarbeit: Hier wird die Grappa selbst destilliert.

Die Kunst der Destillation

Von Meisterhand und Ingenieursgeschick

Hat der Winzer seinen Teil getan, ist die Kelterung und Fermentation abgeschlossen und der Trester in der Brennerei abgeliefert, muss alles sehr schnell gehen. Um eine saubere Grappa zu erzeugen, darf so gut wie keine Luft an das Destillationsgut kommen – negative Veränderungen bis hin zu einem Essigstich wären die Folge, die Kelterrückstände würden zum Brennen untauglich.

Um das ganze Jahr über kontinuierlich ausgelastet zu sein, haben die großen Destillerien vorgesorgt. Spezielle Silos aus Zement oder Edelstahl nehmen die Treber auf, die in Schichten eingesäuert und sorgfältig gepresst werden, damit sich keine Luftblasen im Maischebrei bilden können. Naturreine, fast alkoholfreie Treber werden zusätzlich mit Gärtrüb und Weinhefen versetzt, damit sich während der Lagerung der Fruchtzuckergehalt in den zum Brennen nötigen Alkohol verwandeln kann. Bei perfekter Lagerung können die Treber bis zu drei Monaten ohne Qualitätsverlust liegen bleiben.

Nur wenige Destillerien übernehmen allerdings die Fermentation naturreiner Weißweintrester im Winzerauftrag. Besonders den Weinmachern aus Weißweingegenden bleibt meist nichts anderes übrig, als ihre Trester selbst zu vergären. Manch einer hat dabei einiges über Aromafehler bei der Verarbeitung von Weintrauben gelernt! Die meisten Winzer ziehen es daher vor, nur ihre mit dem Wein vergorenen Rotweintrester zum Brennen zu geben und beschränken deshalb ihr Grappa Angebot.

Rechtzeitig vor dem ersten Abstich des auf der Maische vergorenen Weines wird deshalb ein fester Termin mit der Destillerie vereinbart. Die Trester können direkt nach dem Umpumpen des Weines aus dem Gärbehälter entfernt, in gekühlte Transportbehälter verpackt und zur Destillerie gefahren werden, wo die Brennblase schon bereit steht. Die unter Zollverschluss durchgeführte Lagerung der Brände übernimmt dann in der Regel die Destillerie – was gelegentlich Anlass zu Gerüchten und Konsequenzen bietet: So mancher Winzer wechselt seinen Destillateur nicht aus Unzufriedenheit mit dessen Arbeit, sondern aus dem Verdacht heraus, »seine« Grappa wäre böswillig vertauscht worden und diene nun der Verbesserung der Prestige-Grappa aus dessen Brennerei. Die Einrichtung eines eigenen Zolllagers oder gar die Anschaffung einer eigenen Brennblase ist dann der nächste, logische Schritt.

Weinbauern mit geringen Flächen und entsprechend wenig Trebermasse können sich diesen Aufwand nur selten erlauben, zudem müssten sie warten, bis die gesamte Ernte im Keller ist. Das kann sich über Monate hinziehen, denn jede Rebsorte hat ihren eigenen optimalen Lesezeitpunkt. Darüber hinaus bleibt der Most der zuletzt geernteten Rotweintrauben in den meisten Fällen länger auf der Maische, wodurch sich die Zeit bis zur Ablieferung zusätzlich verzögert. Unwägbare Lagerungsrisiken und schwankende Qualität des späteren Brandes sind die Folge. Zu Zeiten des simplen Bauernschnapses war das kein Problem, selbst ein misslungener Brand wärmte noch in kalten Wintern. Im Zuge des wachsenden Anspruches an das Niveau der Grappe mussten andere Möglichkeiten gefunden werden, den Trester in bestem Zustand feilzubieten. Potentielle Abnehmer sind in diesem Fall handwerklich arbeitende Destillerien, die regional Trester der gleichen Rebsorte aufkaufen und sie dann gemäß den Vorschriften der geschützten Herkunftsbezeichnungen zu »Grappa Monovitigno Regionale« verarbeiten.

Die Brenntechniken

Die Umwandlung des Fruchtzuckers der Weintrauben in hochprozentigen Alkohol vollzieht sich in zwei Stufen. Sie beginnt bereits während der Lese: Der Druck des Eigengewichtes genügt, die ersten Trauben in der Erntesteige zum Aufplatzen zu bringen. Traubensaft kommt mit der Außenschale der Frucht in Berührung, mit den daran haftenden Mikroorganismen und Hefen. Eine unkontrollierte Gärung setzt ein – der Traubenzucker wird durch die Weinhefen fermentiert bzw. chemisch zu Alkohol und flüchtiger Kohlensäure umgebaut. Die Kelterung beschleunigt diesen Prozess, an dessen Ende Wein mit einem maximalen Alkoholgehalt von 144 Gramm/Liter steht, das entspricht 18,2 Volumenprozent. Der in den Pressrückständen verbleibende Zucker vergärt ebenfalls zu Alkohol.

Um hochprozentigen Alkohol aus dem Trester zu gewinnen, wird eine zweite Stufe nötig: die Destillation. Die Trennung des Alkohols von Wasser sowie unangenehmen Fuselstoffen beruht auf den unterschiedlichen Siedepunkten der verschiedenen Bestandteile. Die Trester werden erhitzt, bis Dämpfe aufsteigen, die abgeleitet, gekühlt und als Flüssigkeit aufgefangen werden. Über den niedrigsten Siedepunkt verfügen die schnell flüchtigen Substanzen Methylalkohol, Essigsäureäthylester und essigsaures Aldehyd – diese Stoffe beeinträchtigen nicht nur den Geschmack des Brandes, sondern sind, wie der Methylalkohol, sogar giftig und werden daher als so genannter »Vorlauf« abgeschieden. Im mittleren Temperaturbereich steigen die reinsten Alkoholdämpfe und aromatischen Substanzen auf; nur dieser Mittellauf der Destillation, das »Herz« des Brandes, wird als Grappa-Destillat aufgefangen. Im anschließend abgeschiedenen »Nachlauf« finden sich neben dem Wasser wieder Verunreinigungen, vor allem Fuselstoffe wie das Amylöl. Die Kunst des Brenners besteht darin, die unterschiedlichen Phasen der Destillation zu unterscheiden und nur das Mittelstück für die Grappa auszusondern. Je besser der Mittellauf von Vor- und Nachlauf getrennt wurde, desto feiner und reiner das Destillat.

Hier muss der Winzer aufpassen:
Die Grappaherstellung lebt von Sorgfalt und Sauberkeit.

Die Tresterdestillation ist ein schwieriges Geschäft. Der Alkoholgehalt der vergorenen Pressrückstände ist niedrig, der Gehalt an unreinen Bestandteilen daher umso größer. Durch mehrfach aufeinander folgende Destillation, auch Rektifikation genannt, wird der Brand zusätzlich gereinigt. Darüber hinaus wird die Technik der Dephlegmation angewandt: Mit einem zwischengeschalteten Dephlegmator werden die schwerer verdampfenden (»phlegmatischen«) Bestandteile immer wieder in die Brennblase zurückgeführt und mehrfach erhitzt, um eine höhere Ausbeute an Aromaten und Alkohol zu gewinnen.

Die diskontinuierliche Brennmethode

Über die historischen Anfänge der Alkoholdestillation gibt es bis heute nur Vermutungen – die ursprüngliche Methode ist jedoch bekannt und im Prinzip bis heute unverändert geblieben: Eine vergorene Flüssigkeit wird in einem Kessel erhitzt, die Dämpfe werden aufgefangen, abgeleitet und durch Kühlung zu einer Flüssigkeit mit höherem Alkoholgehalt kondensiert. Einfache Funktionsweise und geringe Kosten machten den Destillierkolben – auch Brennblase, Pot Still oder Alambic genannt – zu einem weltweit beliebten Gerät, das noch heute vielen Spitzenbränden Charakter und Individualität verleiht: Seien es Cognac und Armagnac aus dem Alambic, Malt Whisky oder Rum aus dem Pot Still – die Brennblase ist aus den Destillen der Welt nicht wegzudenken.

Doch sie hat auch Nachteile. Nach jedem Brenndurchlauf muss der Kolben gereinigt und neu befüllt werden, die Mehrfachdestillation wird so zum mühevollen Unterfangen. Bei der Grappa-Destillation kam ein weiteres Problem hinzu: Bei direkter Befeuerung des Kesselbodens brannte der feste Trester trotz Zugabe von Wasser schnell an – Aromafehler waren die Folge. Vor diesem Hintergrund fordert das italienische Herstellungsgesetz für Spirituosen (Nr. 1559 vom 7. Dezember 1951) »dass die Destillation derart erfolgt, dass jeder unangenehme Geschmack vermieden wird«. Technische Weiterentwicklungen des Destilliertopfes machten es

Klassische Destillationsanlage – auch optisch ein Genuss.

möglich – mit einem doppelwandigen Kessel, zwischen dessen Böden Wasser eingeleitet wird. Der doppelte Boden schwächt die Befeuerungshitze ab, die nunmehr sanft und gleichmäßig um das Destillationsgut zirkuliert.

Hohe Herstellungskosten und die lange Dauer eines Brennvorgangs haben verhindert, dass sich diese Methode auf breiter Ebene durchsetzen konnte. Dennoch: Einige Destillateure im Piemont, im Trentino und in Südtirol benutzen den Wasserbadkessel nach wie vor. Sie sehen die lange Brenndauer eher als Vorteil, kann doch so das »Herz« besonders exakt von den negativen Substanzen abgetrennt werden. Der Begriff *Destillata a bagnomaria* (Destillation im Wasserbad) auf dem Etikett ist also durchaus ein Qualitätsmerkmal.

Mehr Erfolg war jedoch dem in der zweiten Hälfte des 19. Jahrhunderts erfundenen Dampf-Destillierkessel beschieden. Auf dem Etikett gelegentlich als *Destillata a vapore* kenntlich gemacht, wird diese Technik von Brennereien angewandt, denen an individuellen, charaktervollen Bränden gelegen ist, die aber die Aroma-Risiken anderer Verfahren ausschließen und wirtschaftlich brennen wollen. Der Trester wird dabei im Kessel auf einen gelochten Einsatz oder auf Reisigbündel gebettet, die das Ankochen und Verfestigen der feuchten Masse verhindern und nach der Destillation das Reinigen des Kessels erleichtern. Wasserdampf wird von unten durch den Trester geleitet, bringt den Alkohol zum Verdampfen und löst zusätzlich die flüchtigen Aromaten aus den festen Pressrückständen. Zum Abscheiden des Vor- und Nachlaufs ist normalerweise eine *colonna* genannte Säule mit dem Kessel verbunden, auf deren perforierten Platten sich die Dämpfe sammeln und schließlich in verschiedenen Kühlbehältern zu reiner Grappa einerseits und Verunreinigungsresten andererseits kondensieren.

Die kontinuierliche Destillation

Mitte der 1960er Jahre kam die traditionelle Destillation in der Brennblase ein wenig aus der Mode. Ein in den Vereinigten Staaten speziell für die Destillation von Feststoffen wie Trester entwickelter kontinuierlicher Brennapparat ver-

Weißweintrauben sind eher schwierig zu Grappa zu destillieren.

einfachte und beschleunigte die Grappaherstellung und senkte die Produktionskosten entscheidend.

Die kontinuierliche Destillation hatte schon einmal, ein Jahrhundert zuvor, die Herstellung vieler Traditionsspirituosen revolutioniert. Die damals erfundene Technik sorgte für reinere, geschmacklich leichtere Destillate von gleich bleibender Qualität. Sie ermöglichte die Herstellung von Blended Whiskys in Schottland, änderte den Charakter des Irish Whiskey, sorgte für einen Boom an leichten, weißen Rumsorten und leitete ganz allgemein einen Wandel vom individuellen, handwerklichen Brand hin zum Markenprodukt aus industrieller Fertigung ein. Die Methode funktionierte allerdings nur bei Flüssigkeiten, Trester als Feststoff konnte vorerst nicht kontinuierlich gebrannt werden. Der Trester-Destillierapparat änderte das: Der Treber wird dabei mit Hilfe einer Dosiervorrichtung in die Vorwärmkammer und dann in die eigentliche Destillationskammer gefüllt, dort mit Dampf erhitzt, der ausgelaugte Trester wird automatisch ausgestoßen. Ein kompliziertes System von Heiz- und Kühlkolonnen sorgt für die optimierte Trennung des Herzstückes von Vor- und Nachlauf und für ein gleich bleibendes Brennergebnis.

Die Lagerung

Ruhen und Reifen

Ähnlich wie Obstbrände besitzen Grappe bereits unmittelbar nach der Destillation einen ganz eigenen, schon recht angenehmen Charakter. Sie müssen daher, anders als etwa Rum oder Whisky, nur über einen kurzen Zeitraum hinweg gelagert werden, um Reife und Harmonie zu erlangen und ihr Aroma zur vollen Entfaltung zu bringen.

Sechs Monate Reife müssen allerdings sein – so will es das Gesetz, dessen Einhaltung durch Lagerung unter Zollverschluss kontrolliert wird. Der Grappa-Boom der letzten Jahre und die unbestreitbare Qualität und Geschmacksintensität, die schon junge Grappe auszeichnen, haben dazu geführt, dass der Großteil der Grappaproduktion als »weiße«, junge Grappa in den Handel kommt.

Zahlreiche Brenner gönnen ihrer Grappa jedoch eine mehr oder minder lange Zeit im Holzfass, um die organoleptische Geschmackskomponente der Holztannine in den Brand zu integrieren und ihm damit insgesamt einen volleren, runderen Körper zu verleihen. Hat das Destillat dann mindestens sechs Monate im Fass und anschließend ein weiteres halbes Jahr luftdicht abgeschlossen in Glasballons oder Edelstahltanks gelagert, so darf auf dem Etikett der Zusatz *invecchiata*, *stravecchia* oder *riserva* angegeben werden. In Einzelfällen werden Grappe zehn oder mehr Jahre gelagert. Nicht immer ein reiner Genuss: Zu intensive Holznoten können den frischen Charakter der Grappa unharmonisch übertönen oder sie geschmacklich einem alten Weinbrand annähern – Geschmackssache eben ...

Der Ausbau einer Grappa im Holzfass ist ein diffiziles Vorhaben. Gerade die von Natur aus reiche Aromafülle vieler Grappe verlangt Fingerspitzengefühl. Wie muss das Fass beschaffen sein, dessen Tannine und Aromaten das Destillat verbessern sollen? Wer garantiert, dass ein Brand Finesse und Feinheit erlangt und nicht durch Holztöne erdrückt wird?

Einige Antworten gab sicherlich Italiens jahrhundertealte Tradition des Weinausbaus in Holzfässern; doch auch die Lagerung von Grappa im Fass hat eine lange Geschichte. Bereits im 19. Jahrhundert wurden Untersuchungen über geeignete Hölzer angestellt. Gelagerte Grappa galt als Synonym für Qualität und war gleichzeitig Statussymbol in einer Gesellschaft, in der sich nicht jedermann eine längere Aufbewahrung und Bevorratung eines Lebensmittels leisten konnte. Berichte aus jener Zeit empfehlen etwa Eichenholz aus den Wäldern rund um Danzig oder Stettin, französische

Eiche aus dem Limousin, dem Troncais oder der Gegend von Nevers; daneben jugoslawische Steineiche, aber auch italienisches Holz von Esche, Kirsche oder Maulbeerbaum. Kastanienholz kam dagegen nicht in Frage: Die so gelagerte Grappa behagte nicht, da der Brand einen zu dunklen, unsauberen Farbton annahm.

Im 20. Jahrhundert wurde die Holzlagerung standardisiert. Grappa wurde ganz selbstverständlich in großen Fässern aus slowenischer Eiche gelagert, die sich nur im Fassungsvermögen von 2 000 bis 10 000 Litern unterschieden. Ausgefeilte Küfertechnik machte es möglich, dass die Fässer nur wenig Sauerstoff an das Destillat ließen und den Brand gleichmäßig temperierten, aber selbst nur wenig Geschmacksstoffe abgaben. So ließen sich gleichmäßige Lagerergebnisse erzielen; die Grappa wurde zwar weicher und auch süßlicher, behielt aber ihren ureigenen Charakter.

Erst die ausgeprägte experimentelle Phase seit den späten 1960er Jahren hat zu Versuchen mit anderen Fässern geführt. Analog zum Barrique-Boom beim Wein kamen kleine Fässer aus französischen Eichensorten in Mode, der frankophile »Limousin-Ton« war ebenso erwünscht wie etwa die »Allier-

Note« oder das »Troncais-Aroma«. Gleichzeitig wurden limitierte Mengen an Spitzen-Grappa in kleinen bis winzigen Fässern aus Birnbaum-, Apfelbaum-, Mandelbaum-, Kirschbaum- oder Maulbeerbaumholz gelagert, gelegentlich tauchen sogar Grappe aus dem Wacholderfass auf – Holzsorten, die sich den Destillaten jeweils als intensive Aromakomponente mitteilen. Eichenholz etwa wird als herb empfunden, Kirsche ergibt süßliche Noten. Versuche wie diese forderten aber auch Kritik heraus: Die Holznoten kaschierten Aromamängel oder veränderten den Charakter, ohne ihn zu verbessern.

Aromatisierte Grappe

Nicht nur durch das Fass kann eine Grappa zusätzliche Geschmackskomponenten erhalten, sondern auch durch die Zugabe von Kräutern. Wie so viele Spirituosen, diente auch Grappa in vergangenen Jahrhunderten als Grundlage für zahllose Kräuterschnäpse, die in den medizinisch wenig entwickelten Zeiten die Stelle heutiger Medikamente einnahmen.

Mit »Hausmedizin« haben die aromatisierten Grappe von heute allerdings kaum noch etwas zu tun. Ihre Liebhaber schätzen vielmehr die geschmackliche Vielfalt, die sich durch den Zusatz von Kräuterauszügen oder Früchten erzielen lässt. Ob als Einlage oder alkoholischer Auszug – sofern die Zusätze natürlicher Herkunft sind, sind sie gesetzlich zugelassen. Besonders beliebt ist die »Grappa alla Ruta«, eine Grappa mit eingelegtem Rautenzweig. Auch Wacholder, Kümmel, Anis, Nelken, Minze, Zimt, Chinarinde, Mandeln, Pinienkerne, Zimt, Zitronenmelisse oder Rhabarber können als Aromaten dienen, Heidelbeer-, Erdbeer-, Brombeer- oder gar Maracuja-Grappa werden in Italien durchaus geschätzt.

So interessant die Ergebnisse der Aromatisierung im Einzelfall auch sein mögen – sie nehmen der Grappa etwas von ihrem ursprünglichen Charakter der Weinspirituose. Daher habe ich auf die Darstellung aromatisierter Grappe in diesem Buch verzichtet. Die Seele der Grappa ist der Wein – Wein, der immer auch ein Spiegelbild seiner Heimat ist, ein Porträt der Landschaft, die ihn geprägt hat.

Lagerung in Holzfässern verändert die Grappa – oft zum Guten.

Grappa Monovitigno

Die Rebsorten der Grappa

Das immer noch ansteigende Interesse an Grappa als Edelspirituose hat nicht vor der Verwandtschaft von Grappa und Wein halt gemacht. Wie könnte es auch anders sein, gilt doch die Grappa als Essenz der Traube, die auch dem Wein seinen Charakter verliehen hat. Die Wechselbeziehung zwischen einer Traubensorte, ihrem Wein und ihrer Grappa ist dabei eines der faszinierendsten Gebiete, ein privater Forschungsbereich, dem sich immer mehr Weinliebhaber widmen.

Anders als beim Wein gibt es bei Grappa offiziell keine DOC-Bereiche (*Denominazione di origine controllata*), lediglich einige regionale Herkunftsbezeichnungen. Dennoch sind Tresterbrände aus dem gesamten Traubenmaterial eines Weingutes nur noch selten anzutreffen: Image-Erwägungen, aber auch ganz praktische Überlegungen führten dazu, dass auf dem Etikett kenntlich gemacht wird, mit welchem Spitzenwein dieser Tresterbrand verwandt ist und zu welcher DOC die Trauben gehörten. Das DOC-System Italiens kennt dabei zwei grundsätzliche Eckpfeiler: Auf der einen Seite gilt der Schutz den großen Wein-Cuvées wie Chianti Classico, Brunello di Montalcino oder Barolo, deren Zusammenstellung meistens auf eine jahrhundertealte Tradition zurückgeht. Zum anderen werden regional verbreitete Rebsorten geschützt, aus denen Weine mit festgelegtem Aromaprofil entstehen. Für Grappa heißt das: Neben einer großen Zahl von Grappe, die aus den Mischsatztrestern bekannter Weine destilliert werden, gibt es eine Vielzahl ebenso edler sortenreiner Tresterbrände, die nach ihrer Rebsorte benannt sind. Analog zur Weingesetzgebung dürfen diese Destillate als »Grappa Monovitigno« bezeichnet werden, wenn sie zu mindestens 85 Prozent aus der namensgebenden Rebsorte stammen.

Aglianico

Die rote Sorte Aglianico gehört zu den besten Trauben Süditaliens. Von den Griechen eingeführt und deshalb auch *Vitis Hellenica* genannt, erzeugt man daraus in Kampanien den Taurasi DOCG, in der angrenzenden Basilikata den Aglianico del Vulture DOC und den Cannetto. Grappe aus Aglianico sind weinig und mild und besitzen einen Grundton von reifer Frucht mit zarten floralen Noten.

Arneis

Die Rebsorte Arneis wird vorwiegend in den Roero-Bergen im Piemont angebaut und gewinnt zunehmend an Bedeutung. Der Wein daraus wird jung getrunken, ist deshalb säurebetont, aber bukettreich und fruchtig. Die Trester eignen sich gut zur Destillation von Grappa.

Barbera
Eine der wichtigsten roten Rebsorten des Piemont, die auch in der Lombardei und in der Emilia-Romagna angebaut wird. Da Barbera-Wein in der Regel lange auf der Maische vergoren wird, fermentieren die Trester mit ihrem Wein und können direkt nach dem Abstrich gebrannt werden. Der hohe Tanningehalt des Tresters sorgt für eher kraftvolle, markige Destillate, die sich sehr gut zur Fasslagerung eignen.

Brachetto
Rare und interessante Rotweinsorte, aus der moussierende Dessertweine entstehen, die über feine Tannine verfügen. Die Grappe sind in der Regel aromaintensiv und eher mild.

Brunello
Rotweinsorte; eine Spielart der Rebsorte Sangiovese. Daraus entsteht einer der berühmtesten Weine der Toskana, der Brunello di Montalcino. Der Rosso di Montalcino stammt aus derselben Traube und ist zunehmend im Kommen.

Cabernet Sauvignon

Cabernet Sauvignon ist mittlerweile eine der wichtigsten Rebsorten der Welt und wird in ganz Italien angebaut. In der Toskana werden die Cabernet-Trauben gerne in Kombination mit Sangiovese als Grundlage für die Cuvée der Super-Toskaner verwendet, deren Trester oft zu Grappa gebrannt werden. Cabernet eignet sich aber auch sehr gut zur Herstellung von Monovitigno-Grappe, die dann kräutertönig und cremig-weich erscheinen.

Chardonnay

Der internationale Run auf Weine und Tresterbrände aus Chardonnay hat auch in Italien zu verstärkter Produktion geführt. Die Erzeugung eines Chardonnay mit geschliffener Komplexität statt plumper Üppigkeit bedingt in den klimabegünstigten Anbaugebieten Italiens eine frühe Ernte bei einem noch niedrigen Mostgewicht. Der dann geringe Fruchtzuckergehalt des Leseguts bedeutet neben anderen Risikofaktoren bei der Destillation eines Weißweintrebers ein entscheidendes Manko. Die Eleganz und das Aroma der Ausgangsrebsorte teilt sich dem Trester und damit dem Grappa in der Regel nicht mit. Die Grappe wirken wie Jungdestillate mit Birnentönen, in die sich der leichte Duft nach grünen Äpfeln mischt.

Dolcetto

Diese Rotweinsorte wird vorwiegend im südlichen Piemont angebaut. Die Weine sind trocken, mit Wucht und Tiefe. Grappe aus Dolcetto verraten oft feine Kirschnoten im sehr fruchtigen Aroma, am Gaumen sind sie weich und cremig.

Gewürztraminer – Traminer Aromatico

Eine Aromarebsorte, die sich bestens zur Grappa-Destillation eignet. Im Duft dominiert dann oft die Rose vor anderen floralen Tönen, auf der Zunge verstärken sich feine Gewürze.

Merlot

Die früher nur für das Bordelais typische Sorte hat sich in Italien fest etabliert. Allerdings wird sie nur selten sortenrein ausgebaut oder als Grappa di Merlot angeboten, sorgt dann aber für eine ungewöhnliche Fruchtentwicklung mit zarten Gewürznoten und cremiger Weiche bis in den Abgang.

Häufig rundet Grappa eine Weinprobe, wie hier im Istituto Agrario di San Michele, ab.

Moscato
Die Spielarten der aromatischen Muskateller-Traube werden gerne auch zur Erzeugung von Grappa verwendet, da sie eine ungewöhnlich kraftvolle Frucht und ein Bukett einbringen, das deutlich durch Orangen- bzw. beim Rosenmuskateller durch Rosennoten dominiert wird. Im Mund sind diese Grappe weich und sanft, häufig mit schokoladigem Abgang. Ein guter Einstieg in den Grappagenuss.

Nebbiolo (Spanna, Chiavennasca, Picutener)
Die rote Nebbiolo wird vorwiegend im Piemont, im Aostatal und in der Lombardei angebaut und liefert die Trauben für zahlreiche berühmte Rotweine wie Barolo, Barbaresco, Ghemme und Gattinara, für Fara, Valtellina und Nebbiolo di Carema. Die Grappe sind besonders duftig und weinig, allerdings lässt sich kein einheitliches Aromaprofil feststellen.

Nosiola
Die Nosiola ist eine autochthone Rebsorte aus dem Trentino, die sich besonders gut für die Erzeugung von Grappa eignet, da sie eine Vielzahl an floralen Aspekten in den Brand einbringt: Veilchen, Rosen, Maiglöckchen lassen sich feststellen, dazu eine feine Frucht.

Picolit
Aus der althergebrachten Rebsorte Picolit des Friaul werden bevorzugt edelsüße Dessertweine gekeltert. Der zarte Botrytis-Ton prägt in der Regel auch die Grappa und sorgt für ein honigtöniges Fruchtaroma mit feinen Blütennoten.

Pinot Bianco
Der Weißburgunder wird vor allem in Südtirol, dem Trentino, Veneto und in Friaul angebaut. Hier finden sich auch Grappe, die den kräuterwürzigen Fruchtcharakter der Sorte deutlich zur Geltung bringen.

Pinot Grigio
Pinot Grigio ist vielleicht die am meisten verbreitete Rebsorte in Italien – allerdings wird nur selten Spitzenwein daraus erzeugt. Entsprechend selten ist das Angebot an hochwertiger Winzer-Grappa dieser Sorte, obwohl sie zum Standardprogramm der großen Destillerien gehört. Der Grundcharakter ist fruchtbetont mit merklichem Kräutereinfluss.

Prosecco
Die weiße Rebsorte Prosecco wird vor allem in der Marca Trevigiana Venetiens zur Erzeugung von Sekt und Schaumwein angebaut. Sie eignet sich allerdings auch bestens zur Grappa-Destillation und bringt dann erfrischend-fruchtige Brände mit feinem Blütenduft hervor.

Raboso
Die Raboso ist eine der interessanten Rotweinsorten aus Venetien. Gelegentlich werden die Trester gebrannt, dann entstehen feinwürzige Destillate mit einem Hauch Zitrus, Veilchen und Himbeeren im Duft sowie weinig-traubigem Gesamtcharakter.

Refosco
Die alteingesessene Rebsorte aus dem Friaul hat ihre Liebhaber unter den Winzern, die die roten Trester dann auch gerne destillieren lassen. Das Ergebnis gefällt durch weinigen Charakter mit floralen Fruchtnoten.

Sauvignon blanc
Diese modische Rebsorte ist vor allem in Norditalien weit verbreitet. Entsprechend ihrer Beliebtheit gibt es auch ein großes Angebot an Monovitigno-Grappa, die leider meistens enttäuscht. Gelingt es einem Winzer allerdings, den besonderen Charakter des Sauvignon einzufangen, dann sind zarte und florale Destillate mit dem typischen grasig-grünen Aroma das Ergebnis.

Sangiovese
Die Sangiovese ist neben Barbera und Pinot Grigio die am stärksten verbreitete Rebsorte Italiens und die wichtigste Rotweinsorte in der Toskana. Grappa di Sangiovese ist selten, weit häufiger prägt der weinig-cremige Grundcharakter dieser Rebsorte die Grappe des Chianti, Brunello di Montalcino und Vino Nobile di Montepulciano.

Teroldego
Die Teroldego ist wohl die bekannteste unter den autochthonen Sorten des Trentino. Das Aroma ihrer Grappa ist durch den unverkennbaren Duft nach Trockenfrüchten, Spezereien und Bittermandel über einer reifen, reichen Frucht gekennzeichnet.

Italiens Weinbauregionen

In einer der schönsten Ecken des Trentino thront das Castel Beseno über den Weinbergen.

Die Heimat der Grappa

Wie kaum ein anderes Destillat versteht es die Grappa, Aroma und Geschmack ihres Ausgangsproduktes einzufangen und herauszukristallisieren – zumal als Winzer-Grappa ist sie ein typisches Kind der jeweiligen Weinbauregion.

Durch die Lage am Mittelmeer, die geografische Beschaffenheit im Landesinneren und das milde Klima ist Italien für den Weinbau prädestiniert. Von den Alpen im Norden bis nach Kalabrien im tiefen Süden, von den westlichen Mittelmeerinseln bis zum Stiefelsporn des Gargano in Apulien – überall finden sich in Ebenen, auf Hügeln und in Berglagen bis in Höhen von etwa 1000 Metern Weingärten und Rebanlagen. Weinland Italien: Die unterschiedlichen Klimazonen und Bodenverhältnisse erlauben den Anbau der verschiedenartigsten Rebsorten; Tafeltrauben und Wein zeugen von dieser großen natürlichen Vielfalt. Weine finden sich für jeden Geschmack: wuchtige oder fruchtige Rotweine, leichte Rosés von lachsfarben bis pink, jugendlich-erfrischende Weißweine oder dunkelgoldene Desserttropfen. Ob trocken, lieblich oder edelsüß – italienische Qualitätsweine sind in der Regel harmonische, reintönige Weine mit angenehmem Geschmacksprofil.

Die Weine Italiens sind in den vergangenen 20, 30 Jahren besser geworden. Die starke internationale Konkurrenz hat diese Entwicklung ebenso vorangetrieben wie die verschärften Gesetze und die Einsicht vieler Winzer, dass nur mit Qualitätstreben und modernen Herstellungsmethoden langfristige Erfolge zu erzielen sind – eine Tendenz, die die italienische Weinkultur nachhaltig verändert hat. Viele der einst so malerischen kleinen Winzergüter sind verlassen, die Weinberge an große Güter verkauft, an Genossenschaften übergeben oder nur noch Brachland. Die handwerkliche Komponente des Weinmachens wird heute von blitzenden Maschinen in klinisch sauberen Kelter- und Kellereigebäuden übernommen, aber spätestens bei der Weinprobe zeigen die modernen Weinmacher Italiens, was in ihnen und ihren Weinen steckt. Facettenreich, vielfältig und von höchster Qualität, handelt es sich um Weine für moderne Genießer, für die Italien nicht nur pittoreskes Reiseland ist, sondern auch Quelle einer einzigartigen kulinarischen Kultur.

Zumal man nach wie vor auf seine Kosten kommt. Wer das Land bereist, wird von den vor Ort erzeugten und ausgeschänkten Weinen kaum je enttäuscht. Der einfache Landwein in der Osteria am Wegesrand, als Alltagstrunk gedacht, wird auf Nachfrage schnell durch den »Geheimtipp« der Region ersetzt, der kaum bekannt, aber von höchster Qualität sein wird. So lässt sich auch heute noch manches Schnäppchen finden.

Die starke Betonung der Herkunftsregion und der dafür als typisch angesehenen Weine wirkt sich in Italien natürlich auch auf das Zusammenspiel zwischen Essen und Trinken aus – und damit auf die kulinarische Kultur. Weinbautraditionen befruchteten die Entwicklung kulinarischer Spezialitäten, umgekehrt führten Essgewohnheiten zur Kelterung bestimmter, ganz auf die Erfordernisse der vorhandenen Speisen und des Klimas abgestimmter Weine, die so an keinem anderen Ort Italiens oder der Welt entstanden bzw. entstehen konnten. Zwar hat sich in den letzten Jahrzehnten auch hier vieles geändert, wurden die einst so strikten Regeln gelockert. Heutzutage wird auch im nobelsten Ristorante einmal ein leicht gekühlter, fruchtiger Rotwein zum Fisch oder ein extraktreicher, im Fass ausgereifter Weißwein zum Fleisch oder Käse getrunken. An der Freude am Wein aber wurde nicht gerüttelt: Wein gehört für die Italiener einfach dazu.

Die Schwemmlandebene des Campo Rotalino vor imposanter Alpenkulisse: Von hier stammt edle Grappa di Teroldego.

Nordwest-Italien

Vom Mont Blanc zur azurblauen Riviera

Der Nordwesten Italiens ist durch eine ganze Reihe fruchtbarer Weinbauregionen geprägt – kaum ein Zipfel Land, an dem die Rebe keine Heimat gefunden hätte. Dabei scheuten engagierte Winzer nicht vor der Urbarmachung selbst schwer zugänglicher Höhenlagen zurück, wie die Weinberge in den alpinen Höhenlagen des Aostatals und die an den malerischen Steilküsten Liguriens belegen. Gottes Geschenk an die Weintrinker aber war sicherlich das Piemont.

Piemont

Jahrhundertelange Erfahrung mit der Erzeugung internationaler Spitzenweine, insbesondere aber die unablässigen Bemühungen innovativer Winzer haben dieser Gegend einen herausragenden Platz im Weinatlas der Welt gesichert.

Das Piemont ist aber auch eine kulinarische Landschaft, die Heimat der berühmten weißen Trüffel, deren Fundorte nur eingeweihte Einheimische in den ausgedehnten Eichenwäldern von Alba und den benachbarten Gemeinden kennen. Auch Beeren, Pilze und Kräuter wachsen dort im Überfluss und zaubern den typischen Duft und Geschmack des Herbstes auf die Zunge, der Jahreszeit, in der so viele Wein- und Grappafreunde zu einem Kurztrip ins Piemont – in das Land »am Fuße der Berge« – aufbrechen.

In einem weiten Becken zwischen den ligurischen Seealpen, den Kottischen und Schweizer Alpen liegt die idyllische Landschaft, die nicht nur im Weinbau Weltgeltung genießt. Hier haben sich wichtige Schritte des scheinbar unaufhaltsamen Aufstiegs der Grappa zum wichtigsten Ars-Vivendi-Digestif vollzogen, hier haben die Winzer schon vor mehr als 150 Jahren sowohl auf ökonomische Resteverwertung als auch auf Qualität gesetzt. Zahlreiche bekannte Grappa-Destillerien entwickelten sich aus den mobilen Lohnbrennereien, die einst von Weingut zur Weingut gebracht wurden, um aus den Trestern kristallklares Destillat zu erzeugen.

Die Voraussetzungen konnten besser nicht sein. Die unterschiedlichen Landschaftsformationen, die von kargem Alpenland über saftig-grüne Hügel zu fruchtbaren Ebenen reichen, die klimatisch von der Wechselwirkung zwischen Hochgebirge und maritimen Einflüssen geprägt sind, haben zur Entwicklung diverser Weinbauzonen geführt, die ihren Weinen und den daraus destillierten Grappe ein individuelles Geschmacksprofil verleihen. Heute bestehen im Piemont insgesamt 43 kontrollierte Herkunftsbezeichnungen.

Die besten Rebanlagen des Piemont finden sich an den Hängen der Monferrato-Berge, östlich der Wermut-Metropole Turin. Die nördlichen Hänge mit ihren kalkhaltigen Sandböden sind hier vornehmlich mit roter Barbera bestockt. Daneben finden sich Freisa, Grignolino und Dolcetto, die der Cuvée des DOC-Weines Barbera del Monferrato zu der gewünschten Weichheit im Zusammenspiel mit der strengen Herbe der Barbera verhelfen. Im Süden wachsen die aromatischen Muskatellertrauben des Moscato d'Asti; ganz im Südosten finden sich in einer eher unspektakulären Landschaft die Weingärten um den kleinen Ort Gavi.

Im Westen umgibt das Monferrato das sich zwischen Asti und Alessandria zur Ebene erweiternde Flusstal des mäandrierenden Tanaro. Am anderen Ufer des Tanaro wachsen in den Weinbergen an den Hängen der nordwestlich von Alba gelegenen Kegelberge des Roero gleichfalls Nebbiolo und Barbera, deren Weine allerdings durch den sandigen Boden einen deutlich leichteren Charakter erhalten. Westlich davon schließen sich die Langhe an. Das Bergland um Alba ist die Heimat der großen Rotweine des Piemont, die nach ihren Weindörfern Barolo und Barbaresco genannt werden. Im Herzen des Piemont, zu Füßen des Monte-Rosa-Massivs, liegen die Weindörfer Ghemme und Gattinara, nahe des Flusses Sesia. Die hoch gelegene, nur sanft gewellte Landschaft im Alpenvorland bedeckt ihre schroffe Kargheit im Sommer mit dem Grün der Weingärten und Felder, bevor im Herbst wieder der alpine Charakter hervortritt.

Das Mikroklima im Schutze der mächtigen Gebirgsmassive sowie die heißen, windstillen Sommer ermöglichen lange Wachstumsperioden, geben den Reben Kraft und den Weinen Körper. Im Herbst zieht Dunst vom Meer herauf, Nebel liegt über den zahlreichen Wasserflächen des fruchtbaren Landstrichs, das subalpine Klima zeigt herbe Frische: ideale Bedingungen für tanninreiche, stoffige, muskulöse Weine – und beste Voraussetzungen auch für charaktervolle Grappe.

Der Weltruf der Piemonteser Kreszenzen gründete sich bis vor kurzem auf den in guten Jahren französischen Spitzenweinen durchaus ebenbürtigen, geschmacklich bewusst

Schon vor 150 Jahren begann man im Piemont mit der Erzeugung von Qualitätsgrappa.

ED ORA...
AL TEMPO
DISTILLERIA

ähnlich ausgebauten Rotwein – und hierbei vornehmlich auf den Barolo, den in ausgereiftem Zustand herrlichen, vollmundigen Rotwein aus der bereits im 13. Jahrhundert als »erlesene Traube des Piemont« gerühmten Nebbiolo-Rebe. Die Trauben für die sortenreinen Weine aus der berühmtesten, vermutlich nach dem Herbstnebel, Nebbia, benannten, spät reifenden Rebsorte Nebbiolo wachsen hier auf Ton-Mergel-Böden an geschützten Süd- und Südwesthängen und ergeben komplexe Weine voll aromatischer Fülle. In ihrer Jugend agieren sie astringierend und machtvoll verschlossen, auf ihrem Höhepunkt aber bezaubern sie durch eine Vielfalt von Duft- und Aromakomponenten – ein Reichtum, der sich auch auf die aus den Trestern destillierten Barolo- und Barbaresco-Grappe überträgt. Der DOC-Wein Barbera d'Alba und die Dolcetto-Brüder Dolcetto d'Alba und Dolcetto di Diano d'Alba gehören zu den besten Rotweinen des Piemont. Sie sind in der Regel langlebiger und intensiver als ihre Verwandten aus den anderen Bereichen.

Doch auch andere Piemonteser Weine haben Anerkennung gefunden, Rotweine, die dem Barolo nicht Konkurrenz machen, sondern eigene Profile mitbringen: der leichte Barbaresco etwa, in Neive, Treiso und dem Namensgeber Barbaresco angebaut, der dunkle Barbera d'Asti, d'Alba oder del Monferrato, der lieblich perlende Brachetto d'Acqui, der Grignolino aus Asti oder Monferrato Casalese. Nicht zu vergessen die rote Rebsorte Dolcetto, deren bester Wein aus Alba für seinen jugendlichen, weichen Ton bekannt ist. Allesamt sind sie sortenreine Rotweine, die durch langen Beerenkontakt Farbe und Ausdruck gewinnen und erst nach der vollständigen Fermentation gekeltert werden. Die mit ihrem Wein vergorenen Trester sind ein hochwertiger Rohstoff für edle Monovitigno-Grappe. Gleich nach dem Abstich gebrannt, sind auch sie Zeugnisse jahrhundertealter Weinkultur.

Auch Weißweine, die internationale Trends setzen konnten, stammen aus dem Piemont. Zum einen der Cortese oder Gavi di Gavi, erzeugt in den Dörfern Gavi, Carrosio, Bosio und Parodi in der Provinz Alessandria. Und natürlich der Moscato d'Asti, ein Muskatellerwein aus den Provinzen Asti, Cuneo und Alessandria, der als Grundlage des duftigen Asti Spumante-Schaumweines dient, aber auch als Dessertwein gefragt ist. Die Trester beider Rebsorten kommen bevorzugt als Grundlage piemontesischer Grappe zur Anwendung, da sie dank ihrer eigenständigen und kraftvoll-aromatischen

Ausprägung ihren Charakter auch dem daraus gebrannten Tresterdestillat vermitteln.

Eine Rückbesinnung auf uralte Weinbautraditionen hat in den letzten Jahren zudem zur Wiederentdeckung und verstärkten Pflege autochthoner piemontesischer Rebsorten geführt: Hier wären Timorasso, Bonarda, Pelaverga, Ruché und viele andere, lange Zeit vergessene, fast vom Aussterben bedrohte Sorten zu nennen. Gelegentlich finden sich Grappe aus diesen Rebsorten bei handwerklich arbeitenden Destillen, die Trester dieser nur in verschwindend geringen Mengen anzutreffenden Rebsorten verarbeiten und damit eine jahrhundertealte Weinbautradition und einen modernen Kult fließend miteinander verbinden. Sie schaffen vordergründig Genuss, tatsächlich aber helfen sie, eine große Vergangenheit lebendig zu halten. Zu diesen teilweise schon im 13. Jahrhundert als gebietstypisch beurkundeten Reben kamen in den letzten Jahrzehnten internationale Trendsetter hinzu: Burgunderreben wie Pinot Bianco, Pinot Grigio, Pinot Nero oder Chardonnay, aber auch die Sauvignon-Geschwister Cabernet und Sauvignon blanc. Tradition und Innovation – konsequent führt dieser Weg auch zur Erzeugung gleichzeitig klassischer und moderner Varianten des wieder entdeckten Bauernschnapses Grappa. In einer so vielfältigen Weinlandschaft wie dem Piemont sind natürlich auch bei den Tresterbränden zahlreiche Entdeckungen möglich.

Aostatal

In der Nordwestecke Italiens, angrenzend an Frankreich und die Schweiz liegt das Aostatal, das weinbaupolitisch und vom Weincharakter her zu Italien gehört. Die zentrale Lage an einer schon zu römischen Zeiten wichtigen Handelsstraße und das über Jahrhunderte gewachsene Interesse am Luxusgut Wein und seinem Ausgangsprodukt, den Rebstöcken, führten dazu, dass das Aostatal durch die Vielfalt seiner Rebsorten wie ein önologisches Mitteleuropa im Kleinen wirkt.

Was hier am Fuße der Gebirgshänge überhaupt gedeihen konnte, das durfte und darf hier wachsen: Nebbiolo, Barbera und Dolcetto des Piemont treffen hier auf Gamay, Syrah, Grenache und Malvoise aus Frankreich, auf weit gereiste Müller-Thurgau aus Deutschland sowie die autochthone Schweizer Sorte Petite Arvine. Trotz dieser erstaunlichen

Vielfalt ist den Weinen, die innerhalb der geschützten Herkunftsbezeichnung Valle d'Aosta auf kargen, nur durch eine dünne Erdschicht bedeckten Steilhängen wachsen, eine zarte Kräutertönigkeit gemeinsam, die sich auch in den aus den Trestern destillierten Grappe bemerken lässt. Diese allerdings sind rar und können nur vor Ort erworben oder probiert werden. Das Siegel des Istituto Tutela Grappa Valle d'Aosta garantiert dabei die hohe Qualität.

Ligurien

Das südlich an das Piemont angrenzende Ligurien ist maritimes Land und besteht im Wesentlichen aus 325 Kilometern Küste mit einem schmalen Streifen Hinterland, das sich in einem großen Bogen an das Mittelmeer schmiegt. Von der Grenze zu Frankreich bei Ventimiglia bis hinunter nach Massa und Carrara in der Toskana wird nur vereinzelt Wein angebaut, denn der Boden ist hier nur fruchtbar, wenn der Mensch Mühe darauf verwendet. Bekanntester Wein ist der Cinqueterre DOC aus den terrassenförmigen Weingärten der hoch über dem Meer liegenden Dörfer der Cinqueterre.

Die Rebsortenvielfalt in Ligurien ist verwirrend, allein in der Provinz Imperia wurden 1970 123 verschiedene Sorten gezählt. Ein Reichtum, der es den Winzern schwer macht, Weine mit Profil zu erzeugen. Dass dies dennoch gelingen kann, belegen die Weinbauern in den Colli di Luni, dem an die Toskana grenzenden Zipfel Liguriens bei Carrara. Hier trieben nachweislich schon die Etrusker und Römer Weinbau, aber erst vor wenigen Jahren erhielt die Region den begehrten DOC-Status. Wichtigster Wein ist eine kraftvoll-wuchtige Cuvée auf Sangiovese-Basis, der Colli di Luni Rosso. Im Aufstreben befindet sich der weiße Vermentino, der zartblumige Weine ergibt, die mittlerweile denen der an der Grenze zu Frankreich gelegenen Riviera Ligure de Ponente Konkurrenz machen. Noch nicht allzu viele Winzer Liguriens haben die Destillation von Grappa als interessante Nebenbeschäftigung entdeckt. Es ist bedauerlich, dass man zwar in nahezu jedem Weingut auch köstliches, natives Olivenöl kaufen kann, aber kaum je Grappa. Hier hat Ligurien noch einiges aufzuholen, bis sich die durch Blumen, Kräuter und Wein geprägte Landschaft am Meer auch in ihrer hochprozentigen Form präsentieren kann.

Lombardei

Die alte Kulturlandschaft Lombardei grenzt im Osten an das Piemont. Im Laufe einer langen Geschichte haben sich hier eine Vielzahl an Völkern ein Stelldichein gegeben, die politische Macht wechselte immer wieder zwischen den europäischen Dynastien. Für Grappa war vor allem die Zeit der habsburgischen Herrschaft bedeutsam: Die im Vergleich zu den mittelitalienischen Fürstentümern moderate Besteuerung durch den habsburgischen Statthalter in Mailand sorgte dafür, dass sich immer mehr der einstmals von Ort zu Ort ziehenden Lohnbrenner im habsburgischen Einflussbereich niederließen. Auch für die Weingüter wurde die Errichtung einer eigenen Brennerei lohnend. Statt wie bisher mehr oder minder offen von spezialisierten Lohnbrennern mit transportablen Brennapparaten ihre Trester brennen zu lassen, konnten sich die Winzer den Tresterschnaps plötzlich fiskalisch leisten – und schmuggelten ihn stattdessen in die hoch besteuerten Nachbarregionen. Rohmaterial gab es schließlich reichlich in der klimatisch begünstigten Lombardei, und die hier angebauten Rebsorten verfügten über den nötigen Säuregehalt für ausdrucksstarke Destillate.

Auch heute noch sind es vor allem die Winzer, deren Grappe die Fahrt in die Lombardei so lohnend macht. Dabei ist die Bedeutung der Lombardei als Weinbauregion eher gering. Nur 13 DOC-Weine werden hier gekeltert, und selbst diese im Oltrèpo Pavese und um Mantua, Bergamo und Brescia an den Ufern der oberitalienischen Seen und Flüsse wachsenden Tropfen sind nur selten beeindruckend, obwohl die Region nach Auffassung der italienischen Weinexperten hoffnungsvolle Ansätze an den Tag legt.

Die Rotweine des alpinen Valtellina-Tals, der Lugana vom Westufer des Gardasees und die Spumanti der Franciacorta DOC genießen schon jetzt internationales Renommee. Die Grappahersteller der Lombardei nutzen die dadurch verfügbaren Qualitätstrester zur Destillation eleganter Grappe und erwerben zudem Trester aus dem benachbarten Piemont als Rohstoff. So ist es bisweilen möglich, auf den Flaschen lombardischer Destillerien gleich drei geschützte Herkunftsbezeichnungen zu finden: neben Grappa della Lombardia auch die beiden DOC-Bezeichnungen Grappa del Piemonte und Grappa di Barolo.

Altare

Elio Altare
Cascina Nuova, 51
Fraz. Annunziata
12064 La Morra
Piemont

Elio Altare war einst ein Rebell im Piemonteser Weinbau. Den Gegnern seiner innovativen Ideen setzte er das wirksamste Gegenmittel vor: hervorragende Weine. Mittlerweile ist der Winzer aus der Langhe selbst zum Klassiker geworden und sein kompromissloses Beharren auf Qualität zum Vorbild für viele Nachbarn. Vor allem aber bewies er, dass auch die notorisch tanninreichen und deshalb rauen Gesellen aus der Nebbiolo- und der Barbera-Traube zu zähmen sind. Seine Weine sind dank sorgfältiger Vinifizierung und überlegter Fassreife wahre Muster an sanfter Eleganz mit weichen, gut integrierten Tanninen. Die Erfahrungen im Ausbau in Barriques und mittelgroßen Eichenfässern kommen auch den Grappe von Elio Altare zugute.

Grappa di Barolo Vigneto Arborina

Tresterbrand aus den Nebbiolo-da-Barolo-Trestern des Weinbergs Vigneto Arborina, mit dem Wein vergoren und von Paolo Marolo diskontinuierlich im Wasserbad-Alambic gebrannt (42 %vol, 50 cl). Eine Grappa mit ungeheurer Komplexität und Konzentration mit deutlich durch Mineraltöne und tief schwingender Frucht geprägtem Duft, fleischig mit harmonischer Entwicklung bis in den sanft und weich ausklingenden Schluss.

Weitere Grappa: *Grappa di Barbera.*

Barbaresco

Distilleria del Barbaresco
Località Bricco Albano
12050 Barbaresco
Piemont

Die Distilleria »Castello di Barbaresco« ist den Grappafreunden schon seit längerem ein Begriff – der sich allerdings im Laufe der Zeit häufig gewandelt hat. Das stört nicht weiter, da die Qualität gleich blieb. Von der Brennerei verschiedener »Produttori di Barbaresco« wandelte sich die Destillerie zur Hausbrennerei der Weinbau-Berühmtheit Bruno Giacosa und gehört heute zum Einflussbereich des Piemonteser Spitzenwinzers Angelo Gaja. Der lässt hier unter eigenem Namen seine Lagen-Weine und Cuvées brennen, aber auch die Trester anderer Qualitätsweine zu Grappa verarbeiten. Der Abbildung einer Region in ihren Bränden fühlt man sich hier verpflichtet – das Ergebnis steht dafür!

Grappa Sito Moresco

Sortenreine Lagen-Grappa aus den Trestern der piemontesischen Edelsorte Nebbiolo. In den Gaja-Weingärten der Lage Sito Moresco im Bezirk Barbaresco geerntet, doppelt diskontinuierlich im Alambic gebrannt und in Edelstahltanks harmonisiert (42 %vol, 70 cl).
Ein Genuss für die Sinne: Das Auge schätzt die kristalline Klarheit, die Nase den zärtlichen Duft von Blüten, Kräutern und Gewürzen und der Gaumen die Nachhaltigkeit und Fülle mit eleganten Bitternoten.

Barone Pizzini

Azienda Agricola Barone Pizzini
Via Brescia, 1/3/3a, Località Timoline
25050 Cortefranca
Lombardei

Die Terre di Franciacorta am Lago d'Iseo der Lombardei sind das Land der Weinberge, Klöster und Villen. An einem der schönsten Flecken liegt die herrschaftliche Azienda Agricola Barone Pizzini, im Jahre 1870 von einer lokalen Adelsfamilie gegründet und heute von Silvano Brescianini geleitet. Zum Weingut gehören 18 Hektar Weinland, weitere 22 Hektar sind dazugepachtet und werden von den Önologen Alberto Musatti und Roberto Cipresso nach ökologischen Methoden bebaut. Neben weißem Franciacorta DOC und Franciacorta Spumante DOCG (darunter auch der Lagen-Spumante Bagnadore Brut) werden Cabernet Franc, Merlot, Pinot Noir und Cabernet Sauvignon in kleineren Mengen zu Top-IGT-Weinen ausgebaut. In der zum Gut gehörigen Osteria La Licenza können die Weine, aber auch Feinkostprodukte aus der Franciacorta in elegant-gemütlicher Atmosphäre verkostet werden.

Grappa di Franciacorta

Aus Chardonnay und Pinot-Noir-Trestern destillierte Grappa, in der renommierten Destillerie Peroni in Gussago diskontinuierlich gebrannt. Goldmedaille der ANAG (45 %vol, 50 cl). Weiche, dabei charaktervolle Grappa mit erfrischendem Gesamteindruck; feine Kräuter- und Zitrusnoten im hellen Duft, am Gaumen rund und vergnüglich.

Bava

Azienda Vitivinicola Bava
Strada Monferrato, 2
14023 Cocconato
Piemont

In der vierten Generation befindet sich das Piemonteser Weingut im Monferrato Astigiano im Familienbesitz der Bavas. Derzeit sind die Brüder Roberto, Giulio und Paolo aktiv, während sich Vater Piero die Beraterrolle vorbehalten hat. Eine Arbeitsteilung, die ausgezeichnet funktioniert, wie nicht nur die kraftvollen Barbera-Weine beweisen, denen sich die Familie bevorzugt widmet. Daneben verbindet eine Leidenschaft die Bavas mit dem selten gewordenen Malvasierwein des Piemont. Ihr roter Dessertwein Malvasia di Castelnuovo Don Bosco Rosa Canina wird schon seit 1911 angebaut, der Name erinnert daran, dass diese Malvasiersorte ein florales Bukett nach Wildrosen aufweist. Die Trauben und Trester des Malvasier liefern auch die Grundlage für das Distillato d'Uva Uvantica und die Grappa di Malvasia di Castelnuovo Don Bosco.

Grappa di Malvasia di Castelnuovo Don Bosco

Aus den Trestern des Malvasiers, die direkt nach dem Pressen in kleinen Einheiten vergoren und in der Destillerie von Luigi Bosso in Cunico Monferrato diskontinuierlich im Kupferalambic gebrannt wurden (44 %vol, 50 cl).
Floral-duftige Grappa mit zunehmender Fruchtigkeit im Aroma, das sich mit feinen Rosentönen bis in den Abgang harmonisch und konsequent fortsetzt.

Berta · Hastae

Distilleria Berta
Via S. Nicolao, 30/32
14049 Nizza Monferrato
Piemont

Hastae, der Zusammenschluss der renommierten Destillerie Berta aus Nizza Monferrato und der fünf Spitzenweingüter Braida, Chiarlo, Coppo, Prunotto und Vietti ist weit mehr als nur der Versuch, dank des Grappa-Booms überschüssige Trester in klingende Münze zu verwandeln: Hastae ist ein Projekt mit Anspruch. Asti, von den Römern Hastae genannt, ist die Heimat des Barbera d'Asti, eines kraftvoll-würzigen Rotweines mit sehr langer Tradition, aber angegriffenem Image. Das soll sich ändern – das Konsortium Hastae hat sich die Aufwertung des Barbera d'Asti auf die Fahnen geschrieben und produziert seit 1997 als Joint Venture den Quorum genannten Wein, dem konsequenterweise auch eine Grappa Quorum zur Seite gestellt wird.

Quorum Grappa di Barbera d'Asti (1999)

Fassgereifte Grappa aus dem Trester des Quorum. Die Grundlage bilden auf Kalk-Mergel-Böden in Süd- bzw. Südwestlage gewachsene Barbera-Trauben, die am 25. und 26. September 1999 auf den speziell ausgesuchten Weinbergen der beteiligten Weingüter gelesen wurden. Die Trester wurden mit ihrem Wein in Barriques malolaktisch vergoren und direkt nach dem Abstich im Oktober 1999 in der Destillerie Berta im diskontinuierlichen Dampf-Alambic gebrannt, bevor die Grappa 24 Monate in neuen Eichen-Barriques reifte (45% vol, 70 cl). Komplexes, kraftvolles Destillat, geprägt durch Harmonie zwischen Primär- (Aprikose, Pflaume, Kirsche) und Sekundäraromen (Gewürze, Vanille, Bittermandel). Im Munde mollig-warm und lang mit zartbitteren Gewürznoten.

Bocchino

Distilleria Canallese C. Bocchino & C. S.p.A.
Via G. Giuliani, 30
14053 Canelli
Piemont

Dass die Erweiterung eines Unternehmens nicht zwangsläufig mit Abstrichen an der Qualität verbunden sein muss, belegt beispielhaft der Familienkonzern Bocchino, 1898 gegründet und heute von Carlo Micca-Bocchino und seiner Schwester Antonella geleitet. Trotz einer Lagermenge von 2 Millionen Litern und einer täglichen Destillationskapazität von 100 000 Kilogramm Trestern zählen die hier erzeugten Grappe zur Spitzenklasse – was unter anderem daran liegt, dass Bocchino nur Trester von eigenen Weinbergen verarbeitet, die sorgfältig auf die Destillation vorbereitet und bewusst sehr feucht gehalten werden. Die Brenntechnik befindet sich ständig auf dem neuesten Stand: Es werden zwar traditionelle, mit Dampf beheizte Brennblasen verwandt, um der Grappa mehr Charakter zu verleihen – jedoch

Grappa Nebbiolo da Barolo Invecchiata (1997)

Grappa aus der Serie »Grappa di Langa«, diskontinuierlich im von Carlo Bocchino modifizierten Alambic aus den Trestern von Nebbiolo-Trauben gebrannt, deren Wein als Barolo klassifiziert wurde, dann im Barrique ausgebaut (42 %vol, 70 cl). Bernsteinfarbenes, feinwürziges Destillat mit fruchtigem Aroma mit reichen Vanilletönen, lebhaft, aber samtig bis in den langen Nachklang.

kommen ergänzend auch moderne Methoden voll zur Anwendung. Die Lagerung der blonden Brände erfolgt in einem Tuffsteinkeller in Fässern aus slowenischer Steineiche, ein weiterer Qualitätsfaktor.

Neben der Erzeugung von Marken-Grappe in großen Auflagen interessieren sich Carlo und seine Schwester Antonella für ausgefallene Destillate. Während sich Carlo den einheimischen Rebsorten des Piemont widmet, die er durch gezielten Anbau vor dem Aussterben bewahren will, ließ sich Antonella von einem Bestseller inspirieren. Der Roman »Das Parfüm« von Patrick Süßkind brachte sie vor mehr als einem Jahrzehnt auf die Idee, Blütendestillate herzustellen, etwa aus Rosen oder Akazien. Destillate, die heute schon wieder Klassiker sind wie viele Grappe der Bocchinos.

Grappa Sigillo Nero

Mischsatz der Piemonteser DOC-Bereiche: Barbera d'Asti und Dolcetto d'Alba mit einem Anteil Nebbiolo-Trester, nach dem Abstich des Rotweins kurz unter Luftabschluss harmonisiert und dann sofort gebrannt. Ein Jahr Lagerung in 5000-Liter-Fässern aus slowenischer Steineiche (40 %vol, 70cl).

Goldfarbener Brand mit einer fruchtig-würzigen Nase, in der die Aromen von vollreifem Obst harmonisch durch feine Vanillenoten unterstrichen werden. Konsequente Entwicklung, im Abgang schokoladige Töne.

Bricco Mondalino

Azienda Agricola Bricco Mondalino
Località Mondalino
15049 Vignale Monferrato
Piemont

Zwei rote Rebsorten beherrschen die Monferrato-Berge, das Herz des Piemont: Grignolino und Barbera – Traditionsrebsorten, die dem Önologen und Winzer Amilcare Gaudi besonders am Herz lagen. Seinen Bemühungen ist es vor allem zu verdanken, dass der Grignolino heute wieder die gleiche Wertschätzung genießt, wie in den alten Zeiten vor dem Triumphzug von Pinot Noir und Cabernet Sauvignon. Sein Sohn Mauro, nun schon seit vielen Jahren der verantwortliche Weinmacher auf dem 13 Hektar großen Weingut in Vignale Monferrato, hat die steten Anstrengungen seines Vaters um hohe Qualität fortgesetzt und eine gelungene Verbindung aus alter Tradition und modernem Weinbergmanagement gefunden. Der klassischen Variante des Grignolino stellte er den Lagen-Grignolino »Bricco Mondalino« zur Seite – einen kräftigen, gut strukturierten Wein, der die Möglichkeiten dieser oft unterschätzten Rebsorte unterstreicht. Auch der Malvasier genießt eine Sonderstellung im Gut: Viel wird in der Weinberglage Casorzo nicht angebaut, doch entsteht daraus ein klassisch-schöner, edelsüßer Wein.

Grappa di Malvasia

Im Weingut im dampfbeheizten Alambic destillierte Grappa aus den edelsüßen, durchgegorenen Trestern der Malvasia di Casorzo d'Alba (42 %vol, 50 cl). Kräuterwürzige Grappa Bianca mit der intensiven Fruchtnase des Malvasiers, am Gaumen weich mit süßlichem Eindruck und auffrischendem Abgang.

Castlèt

Cascina Castlèt
Strada Castelletto, 6
14055 Costigliole d'Asti
Piemont

Denkt man an die Rebsorte Barbera, fällt einem sofort der Barbera d'Asti ein. Im Piemont sagt man dagegen: Der Barbera mag den Einwohnern von Asti lieb und teuer sein, wirklich im Blut aber liegt er den Menschen von Costigliole.

Das Familienweingut Cascina Castlèt mit seinen nahezu ausschließlich mit Barbera bepflanzten 10 Hektar großen Weinbergen in den Hügeln von Asti wird von Mariuccia Borio geleitet. Sie widmet sich mit Tatkraft, Ideenreichtum und Sachverstand vor allem den verschiedenen Barbera-Varianten, Weinen mit ganz eigener Persönlichkeit, aber tiefer Verwurzelung in der Tradition. Diese Qualitäten zeichnen auch die Grappe von Mariuccia Borio aus, zu denen neben der Grappa di Passum auch eine fassgereifte Barbera-Grappa aus den Trestern des Monferrato Rosso Policarpo, die Grappa di Policarpo und eine weiße Muskateller-Grappa mit enormem Fruchtaroma, die Grappa di Avié, gehört.

Grappa di Passum

Eine Grappa aus sanft gepressten Trebern der Rotwein-Spezialität »Passum«: gesunde Barbera-Trauben, die nach der Lese 20 Tage in offenen Spankörben trocknen, dabei Zucker konzentrieren und Säure abbauen können. Direkt nach dem Abstich im Weingut diskontinuierlich gebrannt, im kleinen Wasserbad-Destillierkolben. Ein Jahr Reife im Edelstahltank, weitere sechs Monate Flaschenlagerung im Weingut (43 %vol, 50 cl).
Harmonisch durchstrukturierter Brand mit kraftvoller Fruchtnase (Kompott, Trauben, Marzipan) und mittelschwerem Körper, der langsam, aber stetig an Kraft gewinnt.

Ceretto

Distilleria Fratelli Ceretto
Località Brunate
12064 La Morra
Piemont

Die Brüder Bruno und Marcello Ceretto müssten das Kernland des Piemont, die Langhe, einmal ganz durchqueren, wollten sie all ihre Weinberge und Rebanlagen besichtigen. Wie ein Flickenteppich verteilen sich ihre größtenteils erstklassigen Crus, auf denen Spitzenweine wachsen. Die im Jahre 1974 gegründete Brennerei Ceretto war die erste im Langhe-Gebiet, die reinsortige Grappa mit Jahrgangsangabe aus eigenem, frisch vom Most abgezogenem Trester erzeugte. Seit 1991 existiert neben dem alten Destillierkolben mit Wasserbad-Kessel eine moderne, stufenweise arbeitende Vakuum-Dampfanlage, mit der es möglich ist, den Trester der Rotweine sehr schnell und somit risikoloser zu verarbeiten. Alle Ceretto-Grappe werden nur als Grappa Bianca angeboten und nicht mehr wie früher mit Jahrgang und Lage gekennzeichnet, da es den Ceretto-Brüdern als »eine überzogene Auslegung rein kommerzieller Art erschien, bei der Kennzeichnung unserer Grappe den Namen des Weines oder des ›Cru‹ auf dem Etikett zu verwenden. Grappa ist ein äußerst reines Destillat mit ausgeprägten und unverfälschten Eigenschaften und benötigt deshalb keinerlei unnütze Forcierungen.«

Grappa di Dolcetto

Destillat aus 100 % Dolcetto-Trester der 1988 von Ceretto erworbenen Lage Rossana in Alba (43 %vol, 70 cl).
Milde und sehr fruchtige Grappa mit feiner Kopfnote aus Wiesenkräutern und -blumen. Am Gaumen angenehm füllig und mittellang.

Weitere Grappe: *Grappa di Nebbiolo, di Moscato.*

Chiarlo

Michele Chiarlo
Strada Statale Nizza-Canelli
14042 Calamandrana
Piemont

Michele Chiarlos Weg steht für viele andere: Als qualitätsbewusster Weinhändler begann er eines Tages, beste Weinberge aufzukaufen und seine persönliche Vorstellung von modernen Spitzenweinen zu verwirklichen. Neben Barbaresco und Barolo gilt sein Augenmerk besonders dem Gavi, aus dem mithilfe extremer Ertragsreduktion und teilweiser Lagerung in neuen Eichenfässern besonders intensive und schöne Weine entstehen. Bei Grappa allerdings ist Chiarlo Traditionalist: Die althergebrachten, aromareichen Muskatellertrauben des Moscato d'Asti liefern ebenso sortenreine Grappe wie Cortese di Gavi, Barbera d'Asti, Arneis und Nebbiolo da Barolo.

Grappa di Moscato d'Asti

Sortenreine Grappa aus den Trestern des Moscato d'Asti, dessen Wein auch die Grundlage für Asti Spumante liefert. Bei Luigi Bossi in Cuneo diskontinuierlich in kleinen Kupferbrennblasen gebrannt (42 %vol, 70 cl).
Eine Muskateller-Grappa par excellence: sorgfältig herausgearbeitetes Sortenprofil (Orange, Bergamotte, Rebblüte und würziger Tee) und ansprechender Körper mit zarter Süße im langen Finish.

Weitere Grappe: *Grappa di Cavi, di Barbera d'Asti, di Arneis, di Nebbiolo da Barolo, di Barilot.*

Clerico

Azienda Agricola Domenico Clerico
Località Manzoni-Cucchi, 67
12065 Monforte d'Alba
Piemont

Der piemontesische Winzer Domenico Clerico gehört zu den Vordenkern seiner Region, obwohl oder gerade weil er nachdenklich zurückblickt. Sein Verständnis der jahrhundertealten Weinbautradition des Piemont hat seinen Blick für die Unterschiede und Möglichkeiten einzelner Weinbaulagen geschult. Im Ergebnis gelang ihm das Keltern einer ganzen Serie von Lagen-Barolos der Spitzenklasse. Vorzeigewein ist dabei der Barolo vom Weinberg Ciabot Mentin Ginestra, der Jahr für Jahr bei Blindverkostungen ganz vorne mitspielt. Die mit dem Wein vergorenen Trester dieses Barolos werden bei Rovero in Asti zu einem der besten Brände des Piemont gebrannt.

Grappa di Barolo

Aus den Nebbiolo-Trestern des Lagen-Barolo Ciabot Mentin Ginestra in der Weingut-Destillerie der Gebrüder Rovero in Asti im diskontinuierlichen Wasserbad-Alambic doppelt gebrannt und im Edelstahltank harmonisiert (49 %vol, 50cl). Nussig-maskuliner Brand mit steter Entwicklungslinie und dunkler, tief schwingender Kraft, durch floral-helle Noten ergänzt. Überzeugend markant, voll rustikaler Eleganz; ein »landadeliges« Destillat.

Cocchi

Giulio Cocchi Spumanti
Via Malta, 17
14100 Asti
Piemont

Im Jahre 1891 vom aus Florenz stammenden Destillateur Giulio Cocchi gegründet, den der Erfolg der damals neuen und sofort hippen Weinspirituosen von Cinzano und Martini & Rossi neugierig gemacht und zum Umzug nach Norditalien gebracht hatte. Schon bald waren auch sein Barolo Chinato und der Aperitivo Americano bekannte und weltweit vertriebene Marken, wenn es um aufgespritete und aromatisierte Weine ging. Um den Bars in New York, Caracas und London ein möglichst komplettes Angebot bieten zu können, erweiterte Cocchi seine Destillerie um ein Spumante-Haus. Heute wird nur noch Sekt hergestellt, die Destillate, darunter auch Grappa und Brandy, werden von renommierten Destillerien im Auftrag und nach Vorgabe des Markeninhabers hergestellt. Seit einigen Jahren gehört Cocchi Spumante zum Weingut Bava.

Grappa di Brachetto d'Acqui

Aus den Trestern des süßen Rotsektes Brachetto d'Acqui, die in der Destillerie von Luigi Bosso in Cunico Monferrato diskontinuierlich mit Dampf gebrannt wurden (44 %vol, 50 cl).
Ausgewogenes Destillat mit erdig-blumigem Charakter, Anklänge von mediterranen Kräutern und zartbitterer Abgang.

Dellavalle

Terre Antiche Distillerie Dellavalle
Località Vigliano
14053 Asti
Piemont

Grappa-Destillateur und Künstler – die uralten kulinarischen Traditionen seiner Heimat inspirieren Roberto Dellavalle schon seit vielen Jahren. Seine drei Grappe hat er »Terre Antiche« genannt, die »Alten Lande«. Sie sollen die uralten kulinarischen Traditionen seiner Heimat Piemont widerspiegeln, wo man schon zu Zeiten des Imperium Romanum Wein anbaute. Traditionell die Brennweise, wie auch die Wahl der Rebsorten: Moscato, Nebbiolo da Barolo und Ruché, eine autochthone, heute sehr seltene Sorte des Piemont. Der greco-italienische Künstler Carlo Carosso entwarf die von antiker Mythenwelt inspirierten Etiketten, die Farben erinnern an die Böden der Weinberge von Asti – brauner Sandstein, grauer und blauer Tuff.

Grappa Barolo

Im traditionellen, diskontinuierlichen Doppelbrennverfahren hergestelltes Destillat aus Nebbiolo di Barolo-Trestern (42 %vol, 70 cl): Kraftvolle Grappa mit geheimnisvoll schwingendem, tiefem Fruchtton, der sich nur schwer fassen lässt. Im Geschmack traubig, sanft und füllig.

Fontanafredda

Tenimenti di Barolo e Fontanafredda
Via Alba, 15
12050 Serralunga d'Alba
Piemont

Königssitz, gräfliches Weingut, dann Bankinvestition mit Weinerzeugung – heute ist Fontanafredda eines der großen und bedeutenden Weingüter des Piemont. Direktor Gian Minetti, sein Kellermeister Danilo Drocco und ihr Team keltern hier bevorzugt Barolos, die sich in den letzten Jahren einen Platz an der Spitze erobern konnten. Gezielter Rebrückschnitt und traditionelle Gärungsmethoden mit langer Maischegärung haben nicht nur den acht hochkarätigen Barolos aus den Einzellagen La Rosa, Gallaretto, Vigna Bianca, La Delizia, La Villa, Lazzarito, Gattinera und San Pietro genutzt, auch die anderen Weine aus den klassischen Rebsorten von Alba sind gelungen. Auch Grappa wird im Nobelweingut destilliert, vor allem aus den Trestern der Nebbiolo-Spielarten Michet und Lampia, aus denen die Barolo von Fontanafredda entstehen.

Grappa di Nebbiolo da Barolo

Im Weingut aus den mit dem Barolo vergorenen Trestern aus Nebbiolo destilliert, über ein Jahr in Eichenfässern gelagert (45 %vol, 70 cl). Hellgolden, mit kraftvollem, durch Frucht und Sekundäraromen (gebrannte Mandeln, Gewürze, Vanille) geprägtem Duft, am Gaumen vollfruchtig mit zartbitteren Noten.

Francoli

Fratelli Francoli S.p.A.
Corso Romagnano, 20
28074 Ghemme
Piemont

1951 im piemontesischen Ghemme gegründete Familienbrennerei, die ihre Grappe mittlerweile in die ganze Welt exportiert. Obwohl die Destillerie, in der jährlich 5000 Tonnen Trester verarbeitet und 600 000 Flaschen produziert werden, zu den größten Grappa-Erzeugern Italiens gehört, wird hier größter Wert auf Herkunft der Trester und exakte Zusammenstellung des Mischsatzes gelegt, auch die Bedeutung der Rebsorten für die Grappa wird sehr hoch geschätzt. Destilliert wird unter Dampf, nach einem von Francoli entwickelten und gesetzlich geschützten Verfahren, in Kupferbrennkolben. Die Lagerung der weißen Brände findet vorwiegend im Edelstahltank statt, aber für die Dauer von etwa 18 Tagen reifen auch die klaren Grappe in Barriques aus Limousin-Eiche. Zum Verfeinern und Harmonisieren nach der Destillation lagern die für den Fassausbau vorgesehenen Brände ein halbes Jahr in Stahltanks, bevor sie auf Fässer aus slowenischer Eiche in den Größen von 225 bis 15 000 Litern verteilt werden. Vor der Abfüllung findet zusätzlich eine Endkontrolle mit dem Gas-Chromatografen statt, bei der die Brände auf unerwünschte Aromakomponenten untersucht werden. Gastfreundliches Besucherzentrum.

Oro di Barolo

Aus den Nebbiolo-Trauben der Barolo-Lagen von Monforte, Barolo, La Morra und Grinzane Cavour; in der Destillerie vergoren, mehr als vier Jahre in Eichenfässern aus Limousin-, Allier- und Cher-Eiche gelagert. Cuvée aus verschieden lange gelagerten Destillaten (42 %vol, 50 cl). Beachtliche, ausgewogene Grappa, die durch die Lagerung im Eichenfass an Charakter gewinnt, ohne die typische Fruchtigkeit einer Barolo-Grappa zu verlieren.

Gaja

Angelo Gaja
Via Torino, 36/a
12050 Barbaresco
Piemont

Angelo Gaja, der önologische Vordenker des Piemont wuchs als Bürgermeistersohn im wohl organisierten Gut mit Keller- und Weinbergmeister auf; Vater Giovanni Gaja hatte es auf 60 Hektar Anbaufläche und über 40 Angestellte gebracht. 1959 besuchte der Weingutserbe die Weinbauschule in Alba und setzte seine Ausbildung in Montpellier fort. Die dort erworbenen Kenntnisse setzte er gegen den Widerstand der Familie um, die die bisherigen Erfolge nicht gefährdet sehen wollte. Angelo begann, Lagen-Barbareschi zu erzeugen, die Sori San Lorenzo, dann Sori Gaja und Costa Russi. Er überwachte die Gärung durch eine mittlerweile computergesteuerte Temperaturkontrolle, er experimentierte mit Barriques, den kleinen Holzfässern, variierte die Kelterung bis hin zu einer extrem sanften Methode, die auch den Grappa-Trebern zugute kommt. So schuf er Weine, die schnell zur Weltspitze gehörten.

1978 ging Gaja abermals neue Wege und ersetzte traditionelle Barbera- und Dolcetto-Reben durch Cabernet Sauvignon, Chardonnay und Sauvignon blanc. Die Reaktion seines Vaters (»Darmagi!« – »Welch eine Schande!«) gab dem Erstling seinen Namen. Der Darmagi wird durch Einsatz sämtlicher kellertechnischen Kniffe zu einem enorm konzentrierten Wein voller Frucht und Eleganz.

Grappa di Costa Russi

Grappa aus den sehr feuchten Trestern des Lagen-Barbaresco Costa Russi, direkt nach dem Abstich von der Distilleria del Barbaresco in der diskontinuierlichen Brennblase gebrannt. Nach Fasslagerung mit 45 %vol (70 cl) abgefüllt.
Tresterbrände eignen sich an sich nicht für ausgedehnte Fasslagerung. Geht aber alles gut, dann findet sich ein edles Destillat wie dieses: tiefgoldene Farbe, Fruchtigkeit und ausgeprägtes Sekundäraroma von Holztanninen, Vanille, Gewürzen. Konsequente Entwicklung mit sich verstärkenden Aromen und kraftvoll-eleganter Gesamteindruck.

Gatti

Azienda Vinicola Piero Gatti
Località Moncucco, 28
12058 Santo Stefano Belbo
Piemont

Auf die Erzeugung von Moscato d'Asti der Spitzenkategorie spezialisiertes Weingut, das 1988 durch Piero Gatti gegründet wurde, dem führenden Muskateller-Spezialisten der Region und Mitbegründer der gleichfalls anerkannten Genossenschaftskellerei I Vignaioli di San Stefano. Seit dessen tragischem Unfalltod im eigenen Weinkeller wird das Gut aktiv und mit viel Weinverstand von der Witwe Rita Bernengo Gatti weitergeführt. Mit Unterstützung des Önologen Sergio Stella gelingen Jahr für Jahr reiche und reife Muskatellerweine, bei denen schon der Duft Lust auf mehr macht – beispielsweise auf die bezaubernde Grappa di Moscato, die ebenso wie die Grappa di Freisa und die Grappa di Bracchetto nach der Tochter des Hauses, Barbara, benannt wurden: allesamt mit Liebe und Sorgfalt destillierte Monovitigno-Grappe der Sonderklasse.

Grappa di Moscato

In der Distilleria Astigiana von Franco Barbero in Mombercelli diskontinuierlich aus aromatischen Moscato-Trestern destilliert (42 %vol, 50 cl). Kristallklare Grappa mit einem intensiv-fruchtigen Duft, in dem man sich verlieren könnte: Orange natürlich. Oder doch Limette? Mit einem Hauch Mandarine? Auf jeden Fall auch Wärme, Nüsse, Gewürze, Überraschungen. Bei jedem Besuch der unstillbar neugierigen Nase findet sich Neues, Angenehmes. Eine Backstube vor Weihnachten – Spezereien und dann erfrischende Winterluft. Milde am Gaumen, elegante Weichheit und wieder Zitrusfrüchte. Lang anhaltend!

Glicine

Cantina del Glicine
Via Giulio Cesare, 1
12057 Neive
Piemont

Gastfreundliches, pittoreskes Weingut in Neive im Barbaresco-Gebiet der Weinbauregion um Alba. Das Hauptaugenmerk der beiden Inhaber Adriana Marzi und ihres Partners Roberto Bruno liegt dabei auf dem Anbau der Nebbiolo-Trauben für ihre Lagen-Barbaresco DOCG Marcorino und Vigneto Cura. Daneben wird auch die Arneis des Roero, Dolcetto d'Alba und Barbera d'Alba zu Wein ausgebaut, letztere nach alter Tradition unter Zugabe von 10 bis 15 Prozent Nebbiolo da Barbaresco, um den Wein weicher und aromatischer zu gestalten. Die Trester der Weine werden in der Distilleria del Barbaresco in Bricco Albano zu eleganter Grappa di Fattoria gebrannt und in klassischen Bouteillen mit anmutig naiven Schmucketiketten abgefüllt.

Grappa di Barbaresco

Aus den Trestern des Barbaresco DOCG der Weinberglagen des Gutes in Neive, Barbaresco, Treiso und San Rocco Seno d'Elvio mit dem Most vergoren und direkt nach dem Abstich doppelt diskontinuierlich gebrannt (42 %vol, 70 cl). Zunächst zurückhaltender, dann aber merklich präsenter Duft, aus dem sich wie aus Zwiebelschalen erst Kräuter, dann sommerliches (Birne, Gala-Äpfel), dann herbstliches Obst (Pflaume, Mirabelle) entwickelt, gefolgt von Gewürznoten, die auch den weinigen Geschmack bestimmen.

Gresy

Marchesi di Gresy
Tenuta Cisa Asinara
12050 Barbaresco
Piemont

Im letzten Jahrhundert von den Markgrafen von Gresy gegründetes Gut, dessen Weinbaugeschichte sich bis in römische Zeiten zurückverfolgen lässt und heute Weinbergbesitz in den Langhe und dem Monferrato umfasst. Seit 30 Jahren bewirtschaftet Alberto di Gresy das Gut, dessen Trauben zuvor an Kellereien verkauft wurden. Unterstützt von dem Önologen Mario Dotta, baut der adelige Weinmacher heute seine Weinreben aus Spitzenlagen in Barbaresco, Treiso d'Alba und Cassisine zu fruchtbetonten, gut strukturierten Weinen aus und experimentiert mit verschiedenen Nebbiolo-Klonen. Seit 1982 werden in Angelo Gajas Destilleria del Barbaresco in Bricco Albano die Grappe des Hauses im Unterdruck-Kupferalambic bei Niedrigtemperatur gebrannt – auch hier war Albert di Gresy einer der Vordenker der Ars Vivendi.

Grappa di Nebbiolo Camp Gros Martinenga

In der Distilleria del Barbaresco gleich nach dem Abstich der mit dem Most vergorenen und sanft gepressten Treber des auf dem Weinberg Camp Gros gewachsenen Barbaresco Martinenga destilliert, diskontinuierlich im Vakuum-Verfahren gebrannt (44 %vol, 70 cl).
Vergnügtes Destillat mit nicht übermäßig intensivem Duft nach sommerlichen Früchten (auch Beeren/Kirsche), das am Gaumen an Komplexität gewinnt und mit zarten Kräuternoten endet.

Il Vignale

Azienda Agricola Il Vignale
Via Gavi, 130
15067 Novi Ligure
Piemont

Ein Weingut auf dem Weg nach oben: Trotz großer und international erfolgreicher Konkurrenz im Anbaugebiet des Gavi di Gavi finden die Weine von Dottore Piero Cappelletti vor allem hier zu Lande immer mehr Anhänger. Das liegt nicht nur an der gastfreundlichen Einstellung in der hübschen Azienda, hier zahlt sich vor allem der persönliche Einsatz von Piero und seiner Frau Vilma aus, wenn es darum geht, die in Zusammenarbeit mit dem Önologen Giuseppe Bassi vinifizierten Weine bekannter zu machen. Dass daneben auch die Qualität stimmt, versteht sich erfreulicherweise von selbst. Wichtigster Wein ist die Gavi-Variante Vigne Alte, aus deren Trestern auch die Grappa des Gutes entsteht.

Grappa di Gavi Il Vignale

Aus den Trestern der weißen Cortese di Gavi in der Destillerie Berta in Nizza Monferrato doppelt diskontinuierlich gebrannt (41 %vol, 50 cl). Harmonisch versammeltes Destillat mit sommerlich gelbem Fruchtduft und feiner Würze, am Gaumen voller Geschmack bis ins Finish.

Inga

Distillerie Inga & C. S.r.l.
Via Garibaldi, 10
15069 Serravalle Scrivia
Piemont

Die 1832 gegründete Destillerie ist eine der ältesten im Piemont, entstanden in der Zeit, als der Weltruf von Turin und Mailand als Spirituosenstädte begründet wurde, als Campari und Cinzano erfunden wurden und sich die Herren Martini und Rossi zusammentaten ... Die ursprüngliche Firma Gambarotta wurde 1938 in INGA umbenannt, seit 1979 tragen die verschiedenen Grappalinien diesen Markennamen.

Eine Politik der kurzen Anlieferungswege sorgt zusammen mit einer ausgeklügelten Terminkoordination dafür, dass die Trester frisch ankommen und sofort zur Destillation in die kleinen Kupferalambics gelangen, die schonend mit Dampf bei niedrigen Temperaturen beheizt werden – das Ergebnis sind gelungene Monovitigno- und Mischsatz-Grappe aus den bekannten Anbauzonen des Piemont.

Grappa di Nebbiolo da Barolo

Aus mit dem Most vergorenen Trestern des als Barolo deklarierten Nebbiolo-Weines der DOC-Zone doppelt diskontinuierlich gebrannt (42 %vol, 50 cl).
Kraftvoll-elegante Grappa mit reifer Fruchtnase (Pfirsich, Pflaume) und einem Hauch Bittermandel; weiniger Körper.

Majolini

Azienda Agricola Majolini
Via Manzoni, Località Valle
25050 Ome
Lombardei

Schon im 15. Jahrhundert ließen sich die ersten nachweislich zur heutigen Familie Maiolini gehörigen Vorfahren in der fruchtbaren Franciacorta der Lombardei nieder. Schon damals waren sie erfolgreiche Winzer, bis heute erinnert die lokale Rebsorte Majolina daran. Im Jahre 1981 beschlossen die Geschwister Gianfranco, Piergiorgio, Stefano und Enzo, dem Vorbild ihrer Vorfahren zu folgen und den vom Vater mehr hobbymäßig angelegten Weinberg Ruc di Gnoc als Keimzelle für ihr Weingut zu nutzen. Durch Zukauf und Anpflanzung von Rebanlagen umfasst die Azienda mittlerweile 15 im Ertrag stehende Hektar, die Kellerei gehört zu den modernsten der Spumante-Region Franciacorta. Wein, Spumante und Grappa ergeben ein Sortiment an hochwertigen Produkten, das seine Abrundung durch rares Olio Extra Vergine di Oliva Franciacorta erhält.

Grappa Chardonnay di Franciacorta Invecchiata

Fünf Jahre in kleinen Eichenfässern gereifte Grappa Monovitigno aus Chardonnay, mit Dampf diskontinuierlich im Alambic destilliert (45 %vol, 50 cl). Gelungene Grappa in elegantem, mit dem klassischen Design der Flasche harmonierendem Gold und feinem, durch Gewürz- und Vanillenoten akzentuiertem Fruchtduft. Gut integrierte Sekundärtannine, mittelschwerer Körper, reifer, weicher Abgang.

Marolo

Distilleria S. Teresa
Via Case Sparse, 35
12067 Mussotto d'Alba
Piemont

Einer der Senkrechtstarter unter den Destillerien. Erst 1977 von den Marolo-Brüdern gegründet, war das Unternehmen ganz wesentlich am Siegeszug der Edel-Grappe und ihrer heutigen Spitzenstellung im Hinblick auf Niveau und Image beteiligt. Begonnen hatte alles mit den Trestern befreundeter Winzer, die die Brüder im Auftrag destillierten – bis sie beschlossen, den einfachen Bauernschnaps auf das önologische Niveau zu befördern, das die Weine ihrer Heimat Piemont längst erreicht hatten. Verträge wurden geschlossen, mit auf Qualität bedachten Winzern, deren Weinberge zu den besten der Region gehörten. Jede Tresterpartie wurde einzeln gebrannt und nach Herkunftsort und Rebsorte unterschieden, wie es der Tradition in den Langhe, dem südlichen Teil Piemonts, entsprach. Eine umfangreiche Produktpalette mit charaktervollen, höchst unter-

Grappa di Gavi dei Gavi »La Scolca«

Aus den Trestern der weißen Cortese des Weinguts La Scolca, dessen Inhaber 1950 den heute so geschätzten, mittlerweile als DOC anerkannten Weintyp »Gavi dei Gavi« geschaffen haben (47 %vol, 50 und 70 cl).
Sommer satt – im ersten Moment könnte man diese Grappa mit einem Obstbrand verwechseln, bevor sich die typischen Bouquet-Garni-Düfte eines Tresterbrandes entwickeln. Würzig und lang.

schiedlichen Grappe in kleinen Auflagen war das Ergebnis. Das Design der Etiketten übertrugen die Brüder dem Bauern, Holzschnitzer und Künstler Gianni Gallo, der für jede Rebsorte ein adäquates, schlichtes, aber eigenwilliges Etikett entwarf. Für die Freunde moderner Glaskunst wurden verspielte Flaschen aus hauchdünnem Kristall gewählt. Nach dem Ausstieg von Ugo Marolo leitet Bruder Paolo, ehedem nur für die technische Seite verantwortlicher Dozent an der Weinbauschule in Alba, den Betrieb, der sich nach wie vor auf alte Traditionen stützt. Destilliert wird grundsätzlich diskontinuierlich im Wasserbad, die Gesamtmenge beträgt lediglich 35 000 Flaschen.

Grappa di Arneis

Treber der seltenen Rebsorte Arneis aus dem Gebiet Roero am linken Ufer des Tanaro-Flusses in Piemont, in limitierter Auflage gebrannt (50 %vol, 50 cl). Appetitanregender Duft mit hochsommerlichem Blütenbukett und saftigem, weichem Geschmack – sehr harmonisch.

Montanaro

Distilleria Dr. Mario Montanaro
Via Garibaldi, 6, Frazione Gallo
12051 Alba
Piemont

Im Jahre 1885 gründete der Destillateurmeister Francesco Trussoni in Gallo d'Alba im Piemont seine Destillerie, die er den Weinen seiner Heimat widmete. Die Langhe und hier vor allem der Barolo hatten es ihm angetan. In seiner schnell mit dem Titel Antica Grapperia bedachten Destillerie sorgte er dafür, dass der Geist des Barolos sich auch in Edeldestillaten aus Trauben und Trestern wiederfand. 1922 übernahm sein Schwiegersohn Dottore Mario Montanaro die Brennerei und widmete sich fortan der Verbesserung der traditionell diskontinuierlich arbeitenden Alambics. Heute ist Francescos Enkel Giuseppe nach Jahrzehnten der Erfahrung immer noch Jahr für Jahr auf der Suche nach den perfekten Möglichkeiten, den Geist der Langhe in einem Destillat zu konzentrieren und zu konservieren und so zu für die Zukunft zu bewahren. In seinen Barolo-Grappe, aber auch in den Bränden aus Dolcetto, Barbera, Moscato, Arneis und Nebbiolo da Barbaresco gelingt ihm dieses ehrgeizige Vorhaben überzeugend.

Grappa Nebbiolo da Barolo Cannubi

Diskontinuierlich aus den in der Barolo-Spitzenlage Cannubi gewachsenen Nebbiolo-Trestern destilliert und in kleinen Eichenfässern gereift (43 %vol, 50 cl). Gelungene, sehr komplexe und harmonische Grappa Invecchiata mit fein integrierten Vanilletönen über reifer Frucht. Bemerkenswerte Aromakonzentration bis ins nachhaltige Finish.

Pavese

Livio Pavese
Podere San Antonio
15030 Treville-Monferrato
Piemont

Livio Pavese ist ein moderner Winzer aus einer alteingesessenen Weinmacherfamilie in Treville, in den Monferrato-Bergen nördlich von Alessandria gelegen. Zukauf von Rebhängen, gezielte, konsequente Ertragsbeschränkung, Investitionen in fortschrittliche Kellertechnik und erfolgreiche Experimente mit dem frankophilen Barrique haben Paveses Weinen auch zu internationaler Anerkennung verholfen. Beim Grappa setzt der Piemonteser dagegen auf Tradition: Heimische Rebsorten-Trester werden nach der Methode des Urgroßvaters destilliert und im großen Holzfass gelagert. Mittlerweile gehört auch die Distilleria Cooperativa Rosignanio wieder zum Familienbesitz, die Livio Pavese lange Jahre geleitet hatte.

Grappa Stravecchia da Vinacce del Monferrato

Regionale Barbera-Trester, denen maximal 15 % Freisa- bzw. Grignolino-Treber zugesetzt werden. Diskontinuierlich destilliert und im Weingut über 12 Monate im Holzfass gelagert (45 %vol, 70 cl). Goldgelb mit sonnigen Lichtern, fein komponiertes Bukett aus diskreten Holznoten, vor denen sich die weinig-fruchtigen Aromen bestens entfalten können, mittelschwerer, ansprechender Körperbau und erfreulicher Nachhall.

Piave

Grappa Piave
Palazzo Bernini Milano, 2
20090 Segrate
Lombardei

1870 gegründete Destillerie am Ufer des Flüsschens Piave in Venetien. 1987 ging die Brennerei in den Besitz von Seagram Italia über. Dort beschloss man, den eingeführten Namen für eine Marken-Grappa einzusetzen, die in Deutschland zu den meistverkauften Grappe gehört. Die derzeit im Handel befindliche Grappa der Qualität Cuore wird nicht in der Destillerie in Venetien, sondern bei Torini Destillati in Moncalieri bei Turin gebrannt, einer hochmodernen Brennerei, die gleichfalls zu Seagram Italia gehört und für ihre ausgeklügelte Qualitätsüberwachung bekannt ist. Die Trester stammen nach wie vor aus Venetien. Destilliert wird wie beim Blended Whisky in zwei unterschiedlichen Partien: ein Teil kontinuierlich, der andere Teil mit einem diskontinuierlichen Brennkolben, nach Charentaiser Art mit Dampfbeheizung.

Grappa Piave Selezione Cuore

Aus Weintrestern des für Prosecco bekannten Anbaugebiets von Conegliano in Venetien (40 %vol, 70 cl). Trotz der eindeutigen Bearbeitung hin zum Standard-Grappastil ein angenehmes Destillat mit schönen Traubenstrukturen und feinem Kräuterduft.

Prunotto

Prunotto
Località San Cassiano, 4/G
12051 Alba
Piemont

Seit 1990 zum Antinori-Imperium gehörende Weinkellerei im Piemont, die für ihre sorgfältig gemachten Weine bekannt war. Piero Antinori machte die renommierte Kellerei zum echten Weingut, seit 1990 wurden 44 Hektar bester Weinlagen gekauft. Verantwortlich für das Gut ist Piero Antinoris Tochter und Erbin Albiera. »Prunotto ist meine Meisterprüfung«, lacht die vergnügte Komtess, die das Gut zusammen mit dem Önologen Daniele Drocco leitet. »Wenn ich hier Erfolg habe, dann wird mein Vater wohl glauben, dass es bei Antinori mehr als 26 Generationen von Weinmachern geben wird.«

Bisher stehen die Chancen gut. Macht Albiera Antinori so weiter, wird ihr der Vater eines Tages bereitwillig den Präsidentensessel bei Antinori überlassen. Aus den Trestern des Barolo Bussia und des Barbera d'Asti Costamiole lässt Albiera Antinori Grappa destillieren.

Grappa di Barbera d'Asti Costamiòle

Grappa di Fattoria aus den Trestern des Barbera d'Asti, der in den Weinbergen von Costamiole bei Agliano d'Asti wuchs. Doppelt diskontinuierlich destilliert und im Edelstahlgebinde harmonisiert (42 %vol, 50 cl).
Fruchtbetonte Grappa voll aromatischer Komplexität mit blumig-frischen Noten und feiner Ansprache. Im Finish trockener werdend.

Rovero

Fratelli Rovero di Franco Rovero & C.
216 Frazione San Marzanotto
14050 Asti
Piemont

Eine kleine, nach ökologischen Grundlagen arbeitende Brennerei, die von Franco und Claudio Rovero im Weingut »Cascina Il Milin« betrieben wird. Grappabrennen ist hier eine Familientradition, seit der Urgroßvater der Roveros mit seiner mobilen Destille von Weingut zu Weingut zog, um in der Saison von Oktober bis Januar die anfallenden Trester zu brennen. Neben den Trestern des 20 Hektar großen Weinbergbesitzes werden zugekaufte Pressrückstände der DOC-Bereiche Asti, Cuneo und Alessandria verarbeitet, deren Herkunft dem späteren Grappakäufer offen gelegt wird – man findet einige renommierte piemontesische Namen darunter, etwa den Cru »Ciabot Mentin« des Barrique-Vorreiters Domenico Clerico. Zum Weingut der Fratelli Rovero gehört auch ein Restaurant mit anerkannt guter Küche, zu dessen Spezialitäten aus dem Piemont übrigens nicht nur die Grappe als Digestif passen, sondern auch der Apfelbrand Aquaviva di Mele aus den eigenen Obstgärten.

Grappa di Barbera

Aus dem eigenen Traubengut des Weingutes Il Milin der Fratelli Rovero destillierter Tresterbrand, mehr als ein Jahr im Edelstahlgebinde harmonisiert (46 %vol, 70 cl)
Charaktervolle Grappa mit leicht rustikalem Fruchtduft, der durch exotische Aromen (Moschus, Patschuli) ergänzt und verfeinert wird. Am Gaumen rund und angenehm mit bittersüßem Abgang.

Nordost-Italien

Vom Monte Grappa zur sonnigen Adria

Wer von Deutschland nach Italien reist, folgt heutzutage kaum mehr Goethes Spuren. Man kennt das im Gedicht »Mignon« beschworene »Land, wo die Zitronen blühen« mittlerweile aus dem Effeff und weiß selbst sehr genau, wo man hin will. Was häufig dazu führt, dass Wein- und Grappa-Fans direkt hinter der Grenze am Brenner das Gefühl bekommen, angekommen zu sein. Sind sie auch: im weinseligen Südtirol und kaum 100 Kilometer weiter südlich im nicht weniger berauschend schönen Trentino.

Trentino – Südtirol

Die norditalienischen Weinregionen Trentino und Südtirol ziehen sich entlang des Tals der Adige (Etsch) hin und bilden politisch eine unwillige Einheit. Beim Weinbau haben sich die beiden Anbaugebiete allerdings ihre Eigenständigkeit erhalten können. Wer über den Brenner nach Italien fährt, erreicht zuerst Südtirol – italienisch Alto Adige –, am Oberlauf der Etsch, mit der Wein- und Kurstadt Meran. Im Y-förmigen Anbaubereich an Etsch und Eisack gruppieren sich Rebanlagen um die Provinzhauptstadt Bozen mit ihren Nachbargemeinden Sankt Magdalena, Terlan und Kaltern und folgen schließlich dem Fluss südwärts ins Trentino, das bei Mezzocorona beginnt und am nördlichen Gardasee endet.

Obgleich fast 80 Prozent der Südtiroler Produktion aus Rotweinen besteht – allen voran der leichte Vernatsch vom Kalterer See und den Bozener Leiten – ist die nördlichste Weinbauregion Italiens mit ihren Höhenlagen, die im Cembra-Tal bis auf knapp 1000 Meter reichen, und ihrem milden, sonnenreichen Klima zur Erzeugung säurebetonter, charaktervoller Weißweine geradezu prädestiniert. Die Weine aus Riesling, Silvaner, dem aus Tramin stammenden Gewürztraminer und mittlerweile auch Sauvignon sowie den weißen Pinots gehören seit langem zur internationalen Spitzenklasse. Auch die Rotweine haben aufgeholt. Nicht mehr nur der hier heimische Lagrein, sondern auch die wetterempfindlicheren Merlot und Cabernet werden in der Region zu gut gemachten und dabei bezahlbaren Weinen ausgebaut.

Seit der Novellierung der Grappa-Gesetzgebung verfügt auch Südtirol über eine geschützte Herkunftsbezeichnung und entsprechend strenge Herstellungsvorschriften. Zahlreiche seit langem für ihre Obstbrände bekannten Destillerien und auch einige Winzer haben sich zudem zu den Assoziazioni Produttori Grappa dell'Adige zusammengeschlossen, die andere ermutigen, Grappa als typisches Südtiroler Kulturprodukt mit langer Tradition und großer Zukunft zu verstehen.

Auch im südlich angrenzenden Trentino werden vorwiegend rote Trauben angebaut: Etwa 85 Prozent der Produktion entfallen auf Rotwein und Rosé, größtenteils angenehme Alltagsweine mit stabilem Säurekorsett. Seit vielen Jahren kann man sich zudem von den Bemühungen engagierter Winzer und auch einiger Genossenschaften überzeugen, die klimatisch günstigen Voraussetzungen des Landes durch Ertragsreduktion im Weinberg, bewusst konzipierte Trauben-Cuvées und lange Barrique-Lagerung in Spitzenweine umzusetzen. Die unter diesen Umständen anfallenden Trester, allen voran die des Teroldego Rotaliano, bringen optimale Voraussetzungen zur Destillation von Grappa mit. Wie Südtirol erhielt auch das Trentino eine geschützte Herkunftsbezeichnung für die Grappa Trentino, bei der die aufwendige Destillation im Wasserbad-Alambic vorgeschrieben ist. Das in Trento ansässige Istituto Tutela Grappa del Trentino überprüft dabei die Einhaltung der strengen Vorschriften.

Venetien

Das historische Hinterland, die Terra Ferma des altehrwürdigen Venedig reicht im Westen bis an den Gardasee, im Norden an die Ausläufer der Dolomiten und grenzt im Süden an die Poebene der Emilia-Romagna – eine Landschaft, bestimmt von Hügeln und Weingärten. Grappe haben hier eine lange Tradition. Dass sich der Name von den alteingesessenen Destillerien am Fuße des Monte Grappa der venezianischen Alpen ableitet, ist allerdings nur ein Gerücht. Das Wort Grappa entstammt der norditalienischen Mundart des mittelalterlichen Latein: Aus *rapus* für Traube wurde *gràpo* oder *rappe*, die Brände aus Trestern nannte man schon früh *graspa*, ein Begriff, der heute noch gelegentlich von traditionellen Brennern verwendet wird. Die lange Geschichte der venezianischen Grappa-Destillation und ihre aktuelle Qualitätsorientierung hat zur Gründung des Istituto Grappa Veneta mit Sitz in Treviso und zum staatlich garantierten Schutz des Herkunftsbegriffs Grappa del Veneto geführt.

Das liegt aber auch an den gewachsenen Weinbaumethoden, die in jüngster Vergangenheit wiederbelebt wurden und die auch der Grappa del Veneto zugute kommen. Aus der Moderebe Prosecco entstanden und entstehen auch terroirbetonte Spitzenweine, die mit ihren einfacheren Frizzante-Brüdern nur die Rebsorte gemeinsam haben. Auch die hier immer noch übliche Vergärung des Weißweins mit seinen Schalen führt zu interessanten und hochdekorierten Tropfen. Die aus den mit ihrem Wein vergorenen Trestern destillierten Grappe sollte man unbedingt probieren: weich und weinig, vereinen sie die Frische der weißen Trauben mit dem Sanftmut des geruhsam und sauber vergorenen Alkohols.

Venetien ist eine Weinbauregion, die mit der Zeit geht. Alljährlich präsentieren die Winzer ihre Weine in Verona, dem önologischen Zentrum Venetiens, das während der Weinmesse VinItaly zum Mittelpunkt der italienischen und auch der internationalen Weinwelt wird. Sucht man dort nach den althergebrachten Weinen und Rebsorten Venetiens, so wird man, von Amarone und Recioto di Valpolicella einmal abgesehen, nur selten fündig. Die internationalen Hits

Imposant erhebt sich das Kastell Beseno über den Weinbergen des Trentino: Willkommen im Süden!

des Veneto entstammen meistens den Modereben Cabernet Sauvignon, Sauvignon Blanc und der Pinot-Familie. Bei den Grappe ist das noch anders. Wer kennt noch Weine aus Vespaiolo, Freisa oder Gropello? Aber schwerlich findet sich ein echter Grappa-Aficionado, der diese Sorten als Monovitigno-Grappe noch nicht verkostet hat. So sorgt die Freude der Grappa-Destillateure an immer neuen sortenreinen Grappe und die Neugierde und Begeisterungsfähigkeit der Grappatrinker dazu, dass auch alte, zu Unrecht in Vergessenheit geratene Sorten und Weine wieder ins Blickfeld rücken.

Friaul-Julisch-Venetien

Von der italienisch-slowenischen Grenze bei Triest reicht die Friaul-Julisch-Venetien genannte Region nur etwa 100 Kilometer nach Westen, gen Venetien. Trotz ihrer Randlage ist sie eines der wichtigsten Gebiete für die Erzeugung von Qualitätsweinen in Italien. Das liegt zum einen an der jahrtausendealten Weinbautradition, die Friaul schon für Caesar zum interessanten Eroberungsziel werden ließ (die antike Hafenstadt Aquileia war Hauptumschlagplatz für den römischen Weinhandel mit Germanien). Dem häufigen Wechsel der Herrschaft zwischen Habsburgern, Venezianern und Franzosen verdankt das Friaul seine Vielzahl an Rebsorten, aber auch die Möglichkeit, die Einführung der kontrollierten Herkunftsbezeichnungen konsequent und übersichtlich zu gestalten; mangels Kontinuität konnten keine Traditionen entstehen, die einer Neuordnung im Wege gestanden hätten.

So verfügt Friaul heute über rund ein Dutzend Rebsorten – von denen die alteingesessenen Verduzzo, Schioppettino, Refosco, Tocai Friuliano, Picolit, Ribolla Gialla, Pignolo, Tacelenghe und der seltene Picolit gerade ihr Comeback erleben – und ist übersichtlich in sechs DOC-Gebiete eingeteilt. Die starke Konzentration auf den sortenreinen Ausbau der Weine und das für Friaul typische Weinprofil voll Frische und attraktiver Säure schafft auch die besten Grundlagen für die Destillation von Grappa, zumal die Region in der Welt der Spirituosen stets einen guten Klang hatte. Hier wurde vor 120 Jahren von Lionello Stock der erste nicht aus Frankreich stammenden Weinbrand destilliert, der sich weltweit einen Namen machen konnte. Auch die erste Marken-Grappa der Welt, die Grappa Julia, stammt aus dieser Brennerei.

Die ebenfalls in Friaul ansässige Destillerie Nonino wiederum nutzte den Rebsortenreichtum Friauls und ließ der legendären ersten Monovitigno-Grappa Italiens aus Picolit nicht nur eine Vielzahl anderer sortenreiner Grappe folgen, sondern setzte vor etwa 25 Jahren auch die Genehmigung zur Erzeugung von Obstbrand aus Trauben durch, was bis dato in Italien verboten gewesen war – Beispiele für Innovationen aus dem Friaul, die Nachahmer im ganzen Land fanden und die Grappawelt entscheidend beeinflusst haben. Heute wird die Grappa-Szene der östlichsten Region Italiens durch die strengen Qualitätsvorschriften der Herkunftsbezeichnung Grappa del Friuli und die erfolgreiche Arbeit des Consorzio per la Tutela della Grappa Friulana geprägt, dessen Siegel für die Güte der friulanischen Grappa garantiert.

Emilia-Romagna

Über viele Jahrzehnte stand der Begriff Emilia-Romagna nur für die Massenerzeugung von billigem, süßem Lambrusco. Grappa – Fehlanzeige! Welcher Grappakenner interessiert sich schon für eine Grappa di Lambrusco? Beim näheren Hinsehen erweist sich aber, dass die Emilia-Romagna nicht mit einem Qualitäts-, sondern nur mit einem Imageproblem zu kämpfen hat. Die wie ein Riegel Nord- von Mittelitalien trennende Landschaft verfügt über weitläufige Weinbauflächen, auf denen vorwiegend leichte und frische Weine geerntet werden. Vor allem Chardonnay und Sauvignon Blanc, bei denen das spezifische Terroir der Emilia-Romagna den Ausbau zu Hochgewächsen begünstigt, fanden hier eine Heimat. Bei den Rotweinen unterstützen die Zuwanderer Merlot und Cabernet Sauvignon den aus der Toskana bekannten, aber auch hier heimischen Sangiovese in großen Cuvées.

Für die Qualität der hier destillierten Grappe sorgte ironischerweise der Lambrusco-Boom der 1950er Jahre: Die Karriere der Destillerie Bonollo aus Formigine begann mit dem parallelen Verkauf von Lambrusco-Grappe in alle Pizzerien der Welt. Heute ist Bonollo eine der ersten Adressen, wenn Winzer einen Spitzenbrenner für »ihre« Winzergrappa suchen – etwa Weinmacher, deren Rebanlagen in Bertinoro liegen, einem kleinen Städtchen, das für seine autochthone Sorte Barbarossa bekannt ist, aus der auch die rare, aber interessante Grappa Monovitigno di Barbarossa destilliert wird.

Bertagnolli

Premiata Distilleria G. Bertagnolli
Via Conte Carlo Martini, 40/42
38016 Mezzocorona
Trentino

Im Jahre 1870 im damals noch österreichischen Trentino gegründete Destillerie, die bereits nach zwei Jahren für ihre Produktqualität mit einer Goldmedaille ausgezeichnet und zum Hoflieferanten des Kaisers in Wien ernannt wurde – Ehrungen, denen bis auf den heutigen Tag zahllose weitere folgten. Heute leiten Beppe und Livia Bertagnolli die immer noch im Familienbesitz befindliche Brennerei und halten an den alten Trentiner Traditionen fest. Destilliert wird aufwändig in der Wasserbad-Brennblase, die Trester stammen aus der Region, wobei für die rebsortenreinen Grappe die alten Sorten des Trentino bevorzugt werden. Selbst der erste, bereits 1870 bei der Firmengründung mit der Mitgift von Julia von Kreutzenberg-Bertagnolli angeschaffte Alambic wird noch heute gehegt, gepflegt und genutzt: Die Luxus-Linie »L'Alambicco de Giulia de Kreutzenberg« umfasst Monovitigno-Grappe, Trauben- und Obstdestillate.

Grappa Selezione di Grappino

Aus einem sehr frisch gebrannten Trestermischsatz Trentiner Rebsorten (42 %vol, 70 cl).
Ein aromaintensiver, sehr kraftvoller Brand mit gut integrierten Gewürzen, fülligem Geschmackseindruck und zartbitterem, ein wenig pfeffrigem Abgang.

Bosco del Merlo

Paladin & Paladin
Azienda Agricola Bosco del Merlo
Via Postumia, 14
30020 Annone Veneto
Venetien

An der Grenze zwischen Friaul und Venetien liegt das Weinbaugebiet Lison-Pramaggiore, dessen Name hierzulande kaum bekannt ist, dessen Weine sich in der warmen Jahreszeit aber größter Beliebtheit erfreuen. Die Weinberglagen ziehen sich entlang der oberen Adria hin, beginnen hinter den weißen Sandstränden und lichten Pinienwäldern von Jesolo bis Bibione und die dort gekelterten Weine sind der deutschen Touristen liebster Sommertrunk. Manche besitzen sogar eine solche Qualität, dass man ihnen den Ganzjahresgenuss gönnt. Dazu gehören die Weine der Familie Paladin und ihres nach ökologischen Grundsätzen bewirtschafteten Weingutes Bosco del Merlo. Zum Besitz gehört auch die 1994 gegründete Destillerie Borghi, in der die Umsetzung von Wein, Trauben und Trester in Edelbrände nach traditionellen handwerklichen Methoden erfolgt.

Bosco del Merlo
Grappa di Cabernet

Grappa Monovitigno aus den Trestern des ökologisch angebauten Cabernet, die direkt nach dem ersten Abstich diskontinuierlich im kleinen Dampf-Kupferalambic gebrannt werden (42 %vol, 70 cl). Fragil-fruchtige Grappa Bianca mit zarten Blütennoten über reifer Sommerfrucht, im Munde weich mit tiefer Frucht bis in den freundlichen Abgang.

Bottega

Distilleria di Sandro Bottega & C. S.n.c.
Via S. Urbano, 18
3101 Pianzano di Godega
Venetien

Grappa in zarten Designflaschen ist out? Kein Gedanke – zumindest nicht, was die hochwertigen Grappe angeht, die der Glaskünstler und Grappa-Destillateur Sandro Bottega brennt, verpackt und vermarktet. Sandro übernahm in der dritten Generation die Geschäfte der Familienfirma, die von seinem Vater Aldo 1977 nach Pianzano di Godega in der Prosecco-Region Conegliano verlegt worden war, und orientierte sich sofort an den Marktbedürfnissen: Die ersten rebsortenreinen Grappe wurden aus Chardonnay und Cabernet erzeugt, die Destillationsmethode für Prosecco-Trauben verbessert, vor allem aber am positiven Image der Grappa gefeilt. Selten wurde der künstlerische Anteil der Ars Vivendi Italiens so deutlich wie hier.

»Grappolo« – Grappa di Prosecco

Rebsortenreine Grappa aus der Linie »Alexander Society« in einer Designflasche (43 %vol, 35 cl). Erfrischende Grappa Monovitigno mit deutlichem Bezug zu ihrem moussierenden Grundwein. Feine Mineraltöne und tiefe Sommerfrucht illustrieren die angenehme Weinigkeit, die durch pikante Töne im Abgang positiv ergänzt wird.

Capovilla

Vittorio Capovilla
Ca' Dolfin, Via Giardini, 12
I-36027 Rosà
Venetien

Gärtnersohn und Rennfahrer, Formel-1-Mechaniker und Kellereiberater, Erfinder und Destillateur – das Leben des Vittorio Capovilla lief nie geradlinig ab. Seit einem Jahrzehnt aber hat er seinen Platz gefunden: in Rosà am Fuße des Monte Grappa, einem Ausläufer der venezianischen Alpen. In den Kellern der historischen Villa Dolfin aus dem Jahre 1760 werden seither Destillate gebrannt, die zu den besten Italiens und der Welt gehören. Mittlerweile ist Capovilla Kult – was den bescheidenen und humorvollen Brenner nicht daran hindert, ausgesprochen gastfreundlich zu sein, wann immer sich ein Fan seiner Brände nach Rosà verirrt. Eine Freundlichkeit, die ihm auch zu besten Rohstoffen verhilft: Nach wie vor liefern die Nachbarn ihr bestes Erntegut bei ihrem Vittorio ab – reifes Obst, frisch gesammelte Wildfrüchte, aber auch Trester. Manche Top-Winzer lassen es sich nicht einmal nehmen, ihre Trester im Kühlwagen durch ganz Italien zu karren, um eine Grappa aus Meisterhand zurückzubekommen!

Grappa di Bassano

Weiße Grappa aus einem Mischsatz venezianischer Rebsorten, sorgfältig im Wasserbad-Brennapparat destilliert und mehrere Jahre im Glasballon ausharmonisiert (41 %vol, 70cl).
Einschmeichelndes, sanftes Destillat mit weichem, durch kräftige Frucht und feine Würze charakterisiertem Duft, der sich harmonisch am Gaumen fortsetzt und lange auf der Zunge nachklingt.

Carpenè Malvolti

Carpenè Malvolti
Via A. Carpenè, 1
31015 Conegliano
Venetien

Einer der führenden Spumante-Erzeuger Italiens – mit durchaus großer Bedeutung auch als Weingut. Neben einem trockenen Spumante wird vor allem der trendgemäße Prosecco di Conegliano erzeugt. Schließlich war es der Firmengründer und Doktor der Chemie Antonio Carpenè, der die Prosecco-Traube für die Herstellung schäumenden Weines entdeckte und ein heute für den Prosecco übliches Tankgärverfahren entwickelte – die so genannte Charmat-Methode, die die fruchtige Frische eines Prosecco besser zur Geltung bringen kann als die klassische Flaschengärmethode. Der Name dieses Unternehmens wurde so in Italien quasi zum Synonym für Prosecco. Die Grappe des Hauses werden im eigenen Betrieb erzeugt, neben der Grappa Bianca entstehen auch fassgereifte Brände und Grappa Monovitigno.

Finissima Grappa Bianca

Aus einem weißen Trestermischsatz aus dem Anbaugebiet Conegliano DOC, nach der Kelterung in kleinen Edelstahltanks unter Luftabschluss mit Reinzuchthefen vergoren und nach Abschluss der Fermentation im Dampf-Kupferalambic gebrannt (45 %vol, 70 cl). Ansprechendes Destillat mit typischer Grappa-Kopfnote: Sauber, fruchtig, zart kräutertönig; auf der Zunge entwickelt sich runde Weinigkeit.

Cesari

Gerardo Cesari
Via Luigi Ciocca, 35
25027 Quinzano d'Oglio
Venetien

Einer der raren Fälle, wo sich große Produktionsmengen und hohe Qualität nicht ausschließen. Zwar befinden sich unter den 2,5 Millionen jährlich abgefüllten Flaschen der Großkellerei auch preiswerte Alltagsweine, daneben wird allerdings mit schöner Regelmäßigkeit auch Spitzenklasse produziert. Keimzelle des Erfolges des im Jahre 1935 von Gerardo Cesari gegründeten Betriebes ist der 30 Hektar große Weinbergbesitz in Negrar, im Herzen des Valpolicella-Gebietes. Hier wurde von Anfang an der große Klassiker Venetiens, der Amarone di Valpolicella, bewusst nach strikten Qualitätsrichtlinien ausgebaut. Aus den Trestern des Amarone entsteht eine Grappa di Amarone.

Grappa di Amarone

Erzeugt aus den feuchten Trestern des Amarone, die nach dem Abstich sofort diskontinuierlich im Wasserbad-Brennkessel gebrannt wurden; Lagerung in Eichenholzfässern (45 %vol, 50 cl). Amberfarbener Brand mit kraftvollem Duft nach Frucht, Nüssen und Vanille. Am Gaumen herzhaft mit gut integrierten Sekundäraromen und langem, auffrischendem Abgang.

Collavini

Casa Vinicola E. Collavini
Maniero di Gramogliano
Via della Ribolla Gialla, 2
Località Corno di Rosazzo
33040 Udine
Friaul

Das Weinhaus Collavini gehört zu den angesehenen Erzeugern des Friaul, obwohl Manlio Collavini, heutiger Inhaber und Enkel des Firmengründers Eugenio, selbst nur wenig Weinberge besitzt. Bis vor wenigen Jahren wurde in der Kellerei aus zugekauften Trauben ein großes Sortiment an Wein vinifiziert, heute dagegen setzt Collavini auf kleine Mengen und hohe Qualität. Neben Rot- und Weißwein wird zudem Spumante erzeugt, größtenteils nach der Champagnermethode. So positiv die neue Produktpolitik für die Weintrinker ist: Leider machte sie auch vor Grappa nicht Halt. Bis vor kurzem wurde noch eine empfehlenswerte Grappa di Pinot Grigio destilliert, die immer noch im Handel zu finden ist. Künftig ist allerdings der Verzicht auf Winzer-Grappa geplant.

Grappa di Pinot Grigio

Aus dem Trester der Grauburgundertrauben der Colli Orientali del Friuli diskontinuierlich gebrannt, einjährige Lagerung in Edelstahltanks (43 %vol, 70 cl).
Kräutertönige, intensive Grappa mit angenehm reifem Geschmack und sich entwickelnder dezenter Bitterkeit.

Coos

Dario Coos
Via Ramandolo, 5
Località Ramandolo
33045 Nimis
Friaul

Für den Weinreisenden gehören die Colli Orientali del Friuli an der Grenze zu Slowenien zu den reizvollsten Zielen für eine gemütliche Bummelei durch Weinberge und pittoreske Städtchen. Ramandolo mit seiner mittelalterlichen Altstadt ist eines davon. Hier liegt das Weingut der Familie Coos, die seit Anfang des 19. Jahrhunderts am Ort ansässig ist – mittlerweile in der fünften Generation. Heute leitet Dario Coos den Betrieb, den er völlig auf Vordermann brachte. Die Weinlese findet allerdings immer noch per Hand statt, da das Weingut vor allem über terrassierte Steilhanglagen verfügt, die mit Verduzzo Giallo und mit Picolit bestockt sind. Daraus keltert der heimatverbundene Winzer den Ramandolo di Ramandolo, den ersten DOCG-Wein des Friaul, der nach seinem Heimatort und nicht nach seiner Rebsorte Verduzzo benannt ist.

Grappa Il Longhino di Ramandolo

Aus den Trestern des spät gelesenen Verduzzo Giallo der Lage Il Longhino der DOCG Ramandolo in der Destillerie Ceschia in Udine diskontinuierlich gebrannt und harmonisiert (43 %vol, 70 cl) Nach weißen Blüten duftende Grappa mit leichter Herbheit, am Gaumen nervös mit sich langsam entwickelnder Frische.

Da Ponte

Distilleria Andrea da Ponte
Via Matteotti, 6
31015 Conegliano
Venetien

Die Destillerie gehört zu den ältesten Italiens und ist auch heute noch im Besitz der Nachkommen des Andrea da Ponte, der das Unternehmen 1892 gegründet hat. Gestützt auf das technische Know-how seines Bruders Matteo da Ponte, seines Zeichens Hersteller und Entwickler von Brennapparaten, ging Andrea daran, Brände aus den Trestern der wichtigsten Rebsorte von Conegliano, der Prosecco, in der Vakuum-Anlage nach der Da-Ponte-Colombini-Methode zu erzeugen. Heute ist die Vecchia Grappa di Prosecco das wichtigste Erzeugnis der Destillerie, daneben entstehen Trauben- und Weinbrände sowie die Prosecco-Grappa La Venexiana, die doppelt diskontinuierlich im traditionellen Brennapparat destilliert wird.

Vecchia Grappa di Prosecco

Aus Prosecco-Trestern der Hügel von Conegliano und Valdobbiadene doppelt fraktioniert gebrannt und mehrere Jahre in kleinen Fässern aus Limousin-Eiche gelagert (42 %vol, 50 cl).
Hellgoldenes, klares Destillat mit fruchtiger Zitrusnase und feinen Vanilletönen, die sich auf der Zunge harmonisch entwickeln und zum Eindruck einer reifer Fruchtigkeit führen.

Endrizzi

Casa Vinicola Endrizzi
Località Masetto
38010 San Michele all'Adige
Trentino

Der promovierte Jurist Paolo Endrici stammt aus einer der alten Winzerfamilien des Trentino. Seine Weingüter Masetto und Kinderleit gehörten im Mittelalter dem Augustinerorden, später den Grafen von Thun, bis sie sein Urgroßvater Francesco 1885, noch zu Zeiten der habsburgischen Herrschaft übernahm und in Zusammenarbeit mit dem örtlichen Weinbauinstitut zu Versuchsgütern für die damals in Italien noch völlig unbekannten Rebsorten Chardonnay und Cabernet Sauvignon machte. Das Gespür seiner Vorfahren für aktuelle Trends hat Paolo Endrici geerbt. Zusammen mit seiner deutschen Ehefrau Christine, einer Architektin, und deren Bruder Thomas Kemmler gehörte er zu den ersten Erzeugern, die ihr besonderes Augenmerk nicht nur den Weinen, sondern auch der Optik widmeten – edle Flaschen in aufwendiger Präsentation, gestaltet von Künstlern des Trentino waren das Ergebnis. Heute allerdings ist wieder Klassik angesagt: klare, schlichte Formen und edle Materialien als passendes Umfeld für feine Weine.

Grappa Cabernet Sauvignon Trentino

Aus alten Cabernet Sauvignon-Reben der historischen Lagen Masetto und Kinderleit diskontinuierlich im Wasserbad-Alambic destilliert und sechs Monate in Edelstahl gelagert (42 %vol, 50 cl). Etikett und Ausstattung stammen vom Trentiner Star-Künstler Giuseppe Debiasi. Intensiv duftende Monovitigno-Grappa mit kräuterwürzigem Duft über zarter Frucht, die sich harmonisch fortsetzt bis zum langen Schluss. Kraftvoll und weich zugleich.

Die gleiche Sorgfalt gilt auch dem Inhalt. Bis zu 50 Jahre alte Rebanlagen, die dank gezielter Ertragsbeschränkungen besonders extraktreiche Trauben liefern, eine Vorreiterrolle bei der Entwicklung ökologischer Methoden zur Schädlingsbekämpfung mit ökologischer Düngung, Ernte von Hand in zwei Schritten, moderne Kellertechnik und Ausbau im Barrique – der große Aufwand belohnt die Endricis mit eleganten Weinen.

Aufwändig auch die Erzeugung von Grappa: Die Trester werden sorgfältig behandelt und unverzüglich zur renommierten Destillerie Pilzer ins benachbarte Cembra-Tal gebracht, wo sie sofort zum Brennen kommen. Ob Grappa di Cabernet Sauvignon, Chardonnay oder Teroldego, die Ergebnisse können sich sehen lassen.

Grappa di Teroldego

Aus den Trestern der autochthonen Rebsorte des Trentino Teroldego im kleinen Wasserbad-Destillierapparat doppelt diskontinuierlich gebrannt und acht Monate im Edelstahltank harmonisiert (40 %vol, 50 cl).
Sehr charaktervolle, dabei einschmeichelnde Grappa mit feinem Fruchtbukett, das durch Beeren und Kirsche geprägt erscheint, bevor feine Blütennoten hervortreten. Mittelschwer und komplex, mit trockener werdendem Abgang.

Istituto Agrario di San Michele

Azienda Agraria di Istituto Agrario
Provinciale di San Michele all'Adige
Via Edmondo Mach, 1
38010 San Michele all'Adige
Trentino

International hoch geschätzte Weinbauschule des Trentino, in der unzählige heute renommierte Winzer, Weintechniker, Kellermeister und Destillateure ihr Rüstzeug erhielten. Das 1874 in einer ehemaligen Benediktinerabtei gegründete Institut diente zahlreichen anderen Weinbauschulen der Welt als Vorbild und hat sich neben der Forschungsarbeit auch mit seinen Weinen profiliert, mit deren Verkauf sich die Schule finanziert.

Die Herstellung von Grappa ist ein weiteres Standbein für Forschung, Lehre und Finanzierung. Destilliert wird im klassischen Wasserbad-Alambic. Bei der Fermentation der Trester wird mit unterschiedlichen Verfahren experimentiert, jede Partie dann einzeln destilliert und nach wissenschaftlicher Auswertung der Ergebnisse zu aromaintensiven, rebsortenreinen Grappa-Cuvées vermählt. Besonders interessant sind die Grappe aus Neuzüchtungen der Schule wie beispielsweise die Grappa di Rebo.

Grappa di Vitigno Chardonnay

Alte Rebanlagen sorgen für charaktervolle Grappe. Was sonst gerne flach und uninteressant hervorkommt, wird hier zu einem sortentypischen Genuss: frisch mit weinig-fruchtigem Duft, ansprechendem Mundgefühl und weichem, eher mildem Abgang (45 %vol, 50 cl).

Jermann

Az. Agr. Vinaioli Jermann
Via Monte Fortino, 21
Località Villanova
34070 Farra d'Isonzo
Friaul

Seit 1881 befindet sich das friulanische Weingut im Familienbesitz, seit der Übernahme durch Silvio Jermann vor 25 Jahren gehört es zu den Spitzenerzeugern der Region. Jermann liebt das Neue, noch nie da Gewesene: So verzichtet er in der Regel auf die Grenzen, die die DOC-Vorschriften seinen Weinen setzen, und kreiert stets überraschende und meist begeisternde Weine, an denen nicht nur die Namen wie »Where the Dreams have no ends« oder »Where the Dream now is just wine« originell sind. Derzeit wohl bedeutendster Wein ist die Cuvée Vintage Tunina aus Sauvignon Blanc, Chardonnay, Ribolla Gialla, Malvasia Istriana und Picolit, ein strahlend strohgelber Wein mit kräftigem Duft und ausgewogener Struktur. Aus den Trestern dieser Cuvée entsteht die Grappa Spirt di Tunina, an der man eigentlich nur die Seltenheit bedauert. Gleichfalls sorgfältig hergestellt, aber in größerer Menge verfügbar ist die Grappa Jermann.

Grappa Jermann

Bei Comar in Aquileia destillierte Mischsatz-Grappa aus den Trestern der Jermann-Weine, doppelt diskontinuierlich nach traditioneller Art gebrannt und im Eichenfass ausgereift (45 %vol, 70 cl). Hellgoldener und harmonischer Brand mit klarem Fruchtduft, der sich von gelben Noten hin zu reiferer Frucht entwickelt. Auf der Zunge zunächst stürmisch, dann aber mildert sich der Eindruck ab, die Grappa wirkt runder.

Julia

Stock S.p.A.
Via Lionello Stock, 2
34135 Triest
Friaul

Im zarten Alter von 18 Jahren kam der aus Dalmatien stammende Lionello Stock 1884 nach Triest und sah seine Chance: Die Weine der Region, bisher vorwiegend zur Cognac-Herstellung nach Frankreich verkauft, wollte er vor Ort brennen und seinen eigenen Cognac im Reich des Wiener Kaisers verkaufen. Im Barcola-Viertel von Triest gründete er gemeinsam mit seinem Partner Carlo Camis eine kleine Dampfdestille – die Keimzelle des heutigen Weltkonzerns. Zu Stocks »Cognac Medicinal«, der 1955 im Zuge französischer Namensschutz-Bestrebungen in »Brandy Stock 84« umbenannt wurde, kam später ein Brand aus dalmatischen, istrischen und venetischen Trestern hinzu: die Marken-Grappa Julia, heute aus Trestern rein italienischer Herkunft gebrannt und eine der bekanntesten Grappe der Welt.

Julia Superiore

Mischsatz-Grappa aus Trestern der Weinbauregion Venetien, fraktioniert gebrannt und als Grappa Bianca nach sechsmonatiger Lagerung abgefüllt (38 %vol, 50 cl). Klar strukturierte Grappa mit feinem Kräuterduft und mildem, weinigem Körper.

Letrari

Azienda Agricola Letrari
Via Monte Baldo, 13/15
38060 Nogaredo
Trentino

Mehr als 50 Jahre zeichnete Leonello Letrari für die Weine seiner in Nogaredo im Trentino gelegenen Fattoria verantwortlich, bis er vor kurzem das Gut an seine Tochter Lucia übergab. Seither herrscht eine Donna di Vino in der neu erbauten Kellerei zwischen Rovereto und Isera und hält dabei an den Traditionen der Region fest. Vorzugsweise werden sortenreine DOC-Weine aus dem Trentino ausgebaut, allerdings seit 1997 auch eine an Vorbildern aus dem Bordelais orientierte IGT-Cuvée: eine ungewöhnliche Kombination aus Cabernet, Merlot und Lagrein namens Ballistarius. Aus den sortenreinen Trestern des Chardonnay, des Rosenmuskatellers und des Marzemino werden in verschiedenen Qualitätsdestillerien der Umgebung Grappe gebrannt, beispielsweise bei Pisoni in Pergolese oder Pravis in Lasino.

Trentino Grappa Marzemino

Diese Grappa stammt aus der autochthonen Rebsorte Marzemino, die auch die Grundlage für den geschätzten Rotwein Trentino Marzemino Selezione Letrari liefert. In Lasino (vermutlich bei Pravis) diskontinuierlich destilliert und harmonisiert (43 %vol, 50 cl).
Charaktervolles Destillat mit dunklem, leicht erdigem Fruchtbukett, das sich im Mund verdichtet und gleichzeitig leicht, aber doch markant wirkt.

Livon

Azienda Agricola Livon
Località Dolegnano
33048 San Giovanni al Natisone
Friaul

Eines der größeren Weingüter in Friaul, zu dem insgesamt 140 Hektar Weinbergbesitz und vier Kellereien gehören, in denen die Brüder Dorino, Tonino und Valneo Livon ihre sortenreinen DOC-Lagenweine aus den Colli Orientali del Friuli und dem Collio ausbauen. Spitzenprodukte des angesehenen Erzeugers sind darüber hinaus die beiden als Tafelweine deklarierten Cuvées Braide Alte aus Moscato Giallo, Sauvignon, Picolit und Chardonnay sowie Tiareblù aus Merlot, Cabernet Franc und Cabernet Sauvignon.

Das besondere Interesse der Brüder gilt auch ihren Trestern und Trauben, aus denen eine ganze Palette an feingliedrigen Grappe und Acquavite d'Uva in der für hohe Qualitätsmaßstäbe bekannten Destillerie Domenis Cividale del Friuli gebrannt wird.

Acquavite di Uva Picolit

Sortenreiner Traubenbrand aus der autochthonen Sorte Picolit des Friaul, aus der edelsüße Weine gekeltert werden. Die Destillerie Domenis war einer der Vorreiter bei der Wiederzulassung von Traubenbränden in Italien und gehört dem Qualitätskonsortium der Region an (42 %vol, 50 cl). Ein bezaubernder Traubenbrand, der belegt, wie gut sich der edelsüße Picolit als Grundlage eines Distillato d'Uva eignet: harmonisch versammeltes Traubenaroma mit feiner Würze, am Gaumen voller Geschmack bis in den langen Abgang.

Loredan-Gasparini

Conte Loredan-Gasparini-Venegazzù
Via Martignano Alto, 24
31040 Venegazzù del Montello
Venetien

Der Graf von Loredan-Gasparini, Nachkomme venezianischer Dogen und 1940 Gründer des Weingutes, hat mit dem Gut heute nichts mehr zu tun – seit 1974 gehört es Giancarlo Palla, der mit seinem Önologen Mauro Raserva die noble Tradition hochhält. Insbesondere mit der »Capo de Stato« (Staatsoberhaupt) genannten Cuvée aus Merlot und Cabernet, die Charles de Gaulle bei einem Diner in Venedig so gut gefiel, dass der Rotwein nach dem französischen Staatschef benannt wurde. Die Begeisterung des Staatschefs war wohl auch deshalb so groß, weil diese Cuvée 1967 einer der ersten italienischen Weine war, die nach französischem Vorbild im Barrique ausgebaut wurden. Daneben ist das Weingut für seine hervorragenden Spumanti und Prosecco Frizzante bekannt, aus deren Trestern auch die Grappa des Hauses entsteht.

Grappa di Prosecco Riserva

Aus den Trestern der Prosecco-Rebe zweifach diskontinuierlich destillierte Grappa; über ein Jahr in kleinen Eichenfässern gelagert und mit 40 %vol in klassische Prosecco-Sektflaschen (70 cl) abgefüllt.
Interessanter Brand mit durch Frucht (Quitte, Aprikose, grüner Apfel) und Süßholz-Aspekte definierter, konsequenter Geschmacksentfaltung.

Maculan

Azienda Agricola Maculan
Via Castelleto, 3
36042 Breganze
Venetien

Der Ausbau von Wein in neuem Eichenholz setzt Kennerschaft voraus – Experimentieren, Studieren und Nachdenken über Rebsorten und die Art der Vinifizierung. Einer der italienischen Pioniere dieser heute selbstverständlichen Ausbauart ist Franco Maculan. Seit Ende der siebziger Jahre setzt er die Maßstäbe in Italien, wenn es um die Harmonie zwischen Primäraromen aus der Frucht und Sekundäraromen aus dem Fass geht. Kein Wunder also, wenn Maculan auch einer der besten Grappa-Erzeuger ist: Kaum je sind fassgereifte Grappe so komplex und ausgewogen wie die Grappe di Fattoria aus dem Weingut in Breganze. Wie beim Wein setzt der Erfolgswinzer auf die vertrauten Rebsorten des Veneto: Vespaiolo, die Pinot-Familie, die roten Cabernets, ein wenig Tocai und Riesling, lediglich Chardonnay wurde neu angepflanzt.

Grappa di Palazzotto (1997)

Aus den nur leicht gepressten Cabernet-Sauvignon-Trestern, deren Most den Palazzotto genannten, im Barrique ausgebauten Rotwein ergibt, der zu den besten des Veneto gehört. Schnellstmöglich werden sie nach dem Abstich bei Poli in Schiavon diskontinuierlich in Kupfer-Brennapparaten destilliert und im Weingut in Barriques gelagert (40 %vol, 50 cl). Großartiges, goldfarbenes Edeldestillat mit reifer Fruchtnase, nuanciert durch ätherische Öle und ausgefeilte Sekundäraromen, weinig-frischer Geschmack.

Mangilli

Mangilli S.p.A.
Via Tre Avieri, 12
33030 Flumignano di Talmassons
Friaul

In einem Dörfchen südlich von Udine gelegene Brennerei, die sich ursprünglich im Besitz der Markgrafen von Mangilli befand. Vor über hundert Jahren erkor das damalige Familienoberhaupt Fabio Mangilli 1894 die Grappa- Destillation zu seinem Hobby, die Erzeugnisse waren lediglich für Freunde und Bekannte gedacht. Erst nach dem Zweiten Weltkrieg wurde die kommerzielle Herstellung von Edelbränden aufgenommen, wobei die alten, traditionellen Brennkessel trotz umfangreicher Modernisierungsmaßnahmen weiterhin das Kernstück der Anlage bildeten. 1991 übernahm der aus der Spirituosen-Dynastie Barbieri (Aperol) stammende Francesco Perissinotto die Brennerei und wandelte sie zur Weingut-Destillerie um. Aus der Sparte Rohstofferzeugung für die Grappa-Produktion wurde ein Weingut, dessen Erzeugnisse dem führenden Weinführer Italiens ein »großartig« wert waren. Eine Entwicklung, die auch die Qualität der ohnehin schon renommierten Grappe positiv beeinflusst hat. Neben den drei Standard-Grappe Bianca, Riserva und Collezione wird seit 1994 auch eine Auswahl an Traubenbränden destilliert.

Bianca

Weiße Mischsatztrester, die nach den Vorschriften des Consorzio Tutela Grappa Friulane erzeugt wurden, bilden die Grundlage (45 %vol, 70 cl). Sanftes Destillat, durch zart-pfeffrige Töne nuanciert, die sich im Mund weiterentwickeln bis hin zu einem leicht bitteren, aber angenehmen Finish.

Maschio

Bonaventura Maschio
Via Vizza, 2
31018 Gaiarine
Venetien

1919 von Bonaventura Maschio aus der Taufe gehobene Destillerie. Der Gründer konnte sich dabei auf die von seinem Vater Giuseppe ererbten Brennblasen wie auch dessen Brennkenntnisse stützen. Heute noch im Familienbesitz, hat sich das Unternehmen zu einem der Schrittmacher in der Herstellung von Distillati d'Uve entwickelt, von denen man sich größeren Erfolg beim Kunden erhofft. Speziell für die Herstellung von Traubenbränden wurde eine neue Brennanlage aus Kupfer konzipiert, die bei sehr niedrigen Temperaturen betrieben werden kann, um so einen besonders traubigen Charakter und fruchtige Weichheit zu erzeugen.

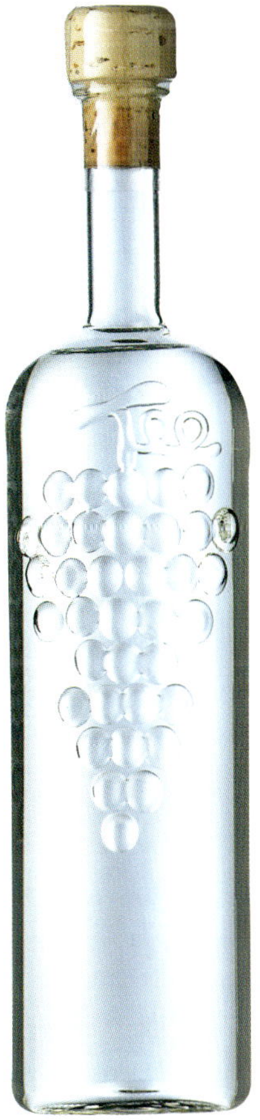

Prime Uve: Distillato d'Uve Prosecco e Riesling

Im speziell für Traubendestillate modifizierten Vakuum-Verfahren hergestellt, aus Trauben des Anbaugebiets Conegliano, die zehn Tage in der Brennerei fermentiert haben (40 %vol, 70 cl). Würzig-frisches Destillat mit noblen Rieslingaromen und weichem, intensiv fruchtigem Körper.

Nardini

Nardini Bortolo S.p.A.
Ponte Vecchio, 2
36061 Bassano del Grappa
Venetien

Eine der ältesten Brennereien Venetiens und der größte Markenerzeuger Italiens. 1779 zog der Destillateur und Firmengründer Bortolo Nardini aus seinem Heimatort Segonzano im Trentiner Cembra-Tal nach Bassano. Die Geschichte der dortigen Brücke, die bereits 1209 erstmals erwähnt wurde und deren Schicksal in einem der berühmtesten Lieder Italiens auch heute noch besungen wird, reizte den Trentiner zum Kauf der »Osteria del Ponte« (Gasthof zur Brücke), der nach wie vor Sitz des Unternehmens und im Besitz der Familie Nardini ist. Heute leiten Giuseppe, Cristina, Angelo, Antonio und Leonardo Nardini das Unternehmen, das jährlich in zwei Brennereien und einer Abfüllstation vier Millionen Flaschen produziert und damit einen Anteil von 25 Prozent des weltweiten Grappamarktes bedient. Trotz der Größe wird immer noch in kupfernen Brennblasen destilliert, nach Trentiner Stil im Wasserbad. Auch die »Grapperia«, von Bortolo Nardini eingerichtet, wird weiterhin als Laden, aber auch als Museum genutzt, gehegt und gepflegt.

Aquavite di Vinaccia Riserva

Aus Pinot, Tocai und Cabernet-Trestern, die in den Höhenlagen der Dolomitenausläufer Venetiens und des Friaul wachsen. Traditionell im Vakuum-Dampfalambic gebrannt und in slowenischen Eichenfässern gelagert (50 %vol, 100 cl). Strohblond mit goldenen Lichtern, angenehmer Duft mit weiniger Frucht und etwas Nuss. Weicher, konstanter Geschmack.

Nonino

Distillerie Nonino
Via Aquileia, 104
33050 Percoto
Friaul

Allgemeinem Einvernehmen nach eine der besten und bedeutendsten Destillerien Italiens. Vor allem aber kommt Nonino das Verdienst zu, ein dynamischer Schrittmacher bei der Entwicklung der Grappa vom Armeleuteschnaps zum Luxusprodukt gewesen zu sein. Aus der mobilen Lohnbrennerei des Orazio Nonino entstand 1887 in Ronchi di Pavia die erste bescheidene Destillerie, die unter dessen Sohn Vigi und Enkel Antonio zu regionaler Berühmtheit gelangte. 1929 wurde die Brennerei an den heutigen Sitz nach Percoto bei Udine in Friaul verlegt. Der derzeitige Firmenchef Benito, Urenkel des Gründers Orazio Nonino, sowie seine Ehefrau Giannola haben das Unternehmen entscheidend vergrößert, ohne auf die stetig wachsende Nachfrage mit Änderungen der klassischen Herstellungsmethode zu reagieren. Nach wie vor werden die Grappe von Nonino diskontinuierlich in kupfernen Brennblasen destilliert.

Viele der Innovationen im Grappamarkt der letzten 40 Jahre gehen auf den Ideenreichtum der Noninos zurück. Sie waren die Ersten, die Treber verschiedener Weinberge auch getrennt destillierten, die in Jahr 1967 erstmals Jahrgangs-Grappa präsentierten, sowie Trestermenge und Zahl der daraus erzeugten Flaschen angaben. 1973 brachten sie die erste rebsortenreine Grappa der Neuzeit auf den Markt: Noninos heute legendären »Picolit« – ein Destillat aus Trestern der seltensten und feinsten Rebsortenspezialität des Friaul.

Vuisinâr

Eine Grappa aus ausgewählten roten Trestern der Grave und Colli Friulani, die bis zu drei Jahre lang in kleinen Fässern aus wilder Kirsche (Vuisinâr) gelagert wird (43 %vol, 70 cl).
Würziges Destillat mit klassisch-ausgewogenem Aroma und feinen Holznoten, geschmeidiger Geschmack, eher dezent im Abgang.

Das Interesse an der weinbäuerlichen Kultur ihrer Heimatregion hat das Augenmerk der Noninos Anfang der 1970er Jahre auf die letzten autochthonen Rebsorten Ribolla Gialla, Scoppettino, Pignolo und Tacelenghe gelenkt – heimische Gewächse, die wegen der europaweiten Nivellierungsmaßnahmen nicht mehr angebaut werden sollten. Die Noninos organisierten den Protest und hatten Erfolg: 1978 wurden die alten friulanischen Rebsorten wieder genehmigt und 1983 von der Weinbaubehörde ausdrücklich zum Anbau empfohlen.

Diese Rückkehr zur Tradition sollte auch für ein anderes Destillat gelten, das bei der Neuordnung der Spirituosengesetzgebung im Jahre 1957 explizit verboten worden war: Traubenbrände aus ganzen, vollsaftigen Trauben. Und wieder erreichten die Noninos und ihre Unterstützer aus dem Kollegenkreis ihr Ziel: Nach der amtlichen Genehmigung der neuen Spirituosen wurde am 27. November 1984 erstmals ein »Ue« (das friulanische Wort für »Traube«) gebrannt, ein Destillat aus Trauben der Sorte Picolit. Die Grappa-Szene Italiens war hiermit um die sanfte, weiche Schwester der Grappa reicher geworden.

Grappa Monovitigno Ribolla

Eine sortenreine Grappa, für die ausschließlich Trester aus gelben Ribolla-Trauben der Colli Friulani verwendet werden. Sechs Monate bis ein Jahr lang in großen Korbflaschen aus Glas bzw. in Edelstahlbehältern gelagert (45 %vol, 50 cl). Kristallklarer Brand mit herbstlich-reifem Duft (überreife Pflaumen, Moos, Heu, Pilze) und warmem, fülligem Gaumeneindruck.

Pagura

Domenico Pagura di
Lindo Pagura & C. S.n.c.
Via Favetti, 25
33080 Castions di Zoppola
Friaul

Alteingesessene, handwerklich betriebene Brennerei, die sich seit 1979 im Familienbesitz befindet. Die heimischen Rebsorten des Friaul wie Moscato, Fragola, Verduzzo, Marzemino, Ucelut, Sciaglin oder Refosco sind wesentliche Rohstofflieferanten. In den letzten Jahren kamen Pinot- und Cabernet-Trester dazu, die ohne Zusatz selbst erlaubter Aromastoffe diskontinuierlich in kleinen Kupferbrennkesseln gebrannt werden. Das Wasser der hauseigenen Quelle wird dabei für den Dampf im Brennkessel ebenso genutzt wie zum Heruntersetzen der Destillate auf Trinkstärke.

Grappa di Refosco-Cabernet

Hochprozentige, in limitierter Auflage aus den Trestern des Rotstieligen Refosco und des Cabernet Sauvignon doppelt diskontinuierlich gebrannte Grappa (50 %vol, 70 cl).
Eine klassische Handschrift charakterisiert dieses Destillat: reiches, konzentriertes Aroma, cremigwarmer Körper, weiniges Finish.

Pighin

Azienda Fratelli Pighin
Frazione Risano, Viale Gradi, 1
33050 Pavia di Udine
Friaul

Im Weinbereich zählte das Weingut der Gebrüder Pighin lange zur soliden Mittelklasse, hier wurden geradlinige, saubere Weine zu günstigen Preisen gekeltert. Das solcherart gewachsene Finanzpolster wurde in den Aufkauf hervorragender Weinberge und deren Umstrukturierung investiert. Mittlerweile gehören 180 Hektar Weinland in Grave und Collio di Friuli den Pighins, die sich nun auch die Produktion von selektionierten Spitzenweinen erlauben können, die bei internationalen Verkostungen regelmäßig gut dastehen. Dabei sind die Preise nach wie vor bezahlbar – empfehlenswerte Geheimtips für Kenner also, was auch für die gelungene Jahrgangs-Grappa aus den nur schwierig zu Charakter-Grappe zu brennenden Sauvignon-Blanc-Trestern gilt, die nun schon seit mehreren Jahren immer wieder ihre Qualität beweist.

Grappa di Sauvignon (1999)

Rebsortenreine Jahrgangs-Grappa aus der Weißweinsorte Sauvignon Blanc, bei Pagura in Castions di Zoppola in limitierter Auflage gebrannt (43 %vol, 50 cl).
Eigenwilliger, dabei eleganter und leichtherziger Brand mit feinen Zitrusnoten im fruchtbetonten Bukett, die sich am Gaumen zu zarter Schärfe entwickeln, bevor sich im Abgang wieder eine merkliche Fruchtigkeit durchsetzt.

Pilzer

Distilleria Pilzer
Via Perlaia, 17
38030 Faver
Trentino

In wenigen Jahrzehnten gelang der kleinen Familienbrennerei der Aufstieg zu einer der renommiertesten Destillerien Italiens. 1957 gründete Vincenzo Pilzer seinen Betrieb in Faver im sonnenverwöhnten Cembra-Tal des Trentino. Hier gab es Obst und Wein im Überfluss – und damit die besten Rohstoffe zur Destillation. Nach wenigen Jahren war das Unternehmen so gewachsen, dass die beiden Söhne Ivano und Bruno hauptberuflich einstiegen. Der Durchbruch in die vorderste Reihe der Grappabrenner gelang den drei Pilzers 1985 mit den ersten rebsortenreinen Grappe, für die sie klugerweise den aromatischen Müller-Thurgau und die einheimischen Reben Schiava und Nosiola auswählten – aromastarke Treber für charaktervolle Destillate. Die Bemühungen haben sich ausgezahlt: 1996 erhielten die Pilzers den Alambicco d'Oro der VinItaly, 2000 und 2001 waren sie Sieger bei der International Challenge in London und wurden 2002 mit Gold für die Grappa Moscato Giallo beim Concours Mondial in Brüssel ausgezeichnet. Seit kurzem ist die neue Destillerie der Pilzers in Portegnac am Ende des Cembra-Tales in Betrieb, und es ist noch lange nicht abzusehen, wann der Enthusiasmus von Vater und Söhnen auf der Suche nach immer neuen, immer feineren Geschmackserlebnissen bei Grappa & Co erlahmen wird. Schön!

Grappa di Moscato Giallo

Noch während der Weinlesesaison aus den nachvergorenen Trestern des früh reifenden Moscato Giallo des Trentino doppelt diskontinuierlich im Wasserbad-Alambic gebrannt (43 %vol, 50 cl). Gebändigte Kraft: kristallklar, appetitanregend würzig mit feinem Muskateller-Aroma, mittelschwer mit ausdauerndem Muskelspiel.

Pisoni

Azienda Agricola e Distilleria Pisoni
Località Pergolese
38070 Sarche
Trentino

Weingut und Destillerie mit geschichtlichen Wurzeln, die bis in das 16. Jahrhundert zurückreichen. Zu Beginn des 20. Jahrhunderts verlegte Baldessarre Pisoni den Firmensitz vom unwegsamen Bergdorf Madruzzo nach Pergolese. Mit im Gepäck: der »Alambicco«, die kupferne Brennblase, deren Erzeugnisse schon um 1730 dem Trentiner Erzbischof Prinz Carlo Emanuele Madruzzo gemundet hatten. Luca, Marco und Stefano Pisoni, die heutigen Inhaber und Absolventen der renommierten Weinbauschule in San Michele, haben die Vorliebe des Ahnherrn aufgegriffen: Neue Brennblasen nach dem Muster von Baldessarres Alambicco wurden angeschafft und die Erzeugung von erstklassigen Grappe zum zweiten Standbein der Weinerzeuger ausgebaut – bis mittlerweile der gute Ruf der Pisoni-Grappe den der Weine weit überflügelt hat. Dabei sind auch die Weine geradlinige und wohl strukturierte Musterexemplare ihrer Heimat.

Grappa Trentina Müller-Thurgau

Schonend gepresste, nachvergorene Müller-Thurgau-Treber aus dem Valle dei Laghi werden bei der ersten Destillation über Dampf in einem kontinuierlichen Brennapparat destilliert. Der zweite Brennvorgang findet diskontinuierlich statt, bei niedrigen Temperaturen, in einer kleinen Wasserbad-Kupferbrennblase. Nach der Lagerung im Edelstahltank von Hand mit 43 %vol in mundgeblasene Amphorflaschen abgefüllt. Zart und intensiv zugleich – Grappa als echte Edelspirituose. Blütenbetontes Bukett und sanfter Verlauf mit weinigem Grundcharakter.

Pojer & Sandri

Azienda Agricola Pojer & Sandri
Località Molini
38010 Faedo
Trentino

Weingut oder Destillerie? Für Mario Pojer und Fiorentino Sandri, die professionell in der hauseigenen Brennerei destillieren, eine Frage, die sich so nicht stellt. Die beiden Partner, die sich schon vor über 30 Jahren als Studenten an der Weinbauschule in San Michele all'Adige zusammenfanden, sind hauptsächlich für ihre Weine bekannt, die regelmäßig bei internationalen Verkostungen hohe Punktzahlen und Auszeichnungen erreichen und nach wie vor den von den beiden mitgestalteten »Trentino«-Stil verkörpern. Die gleich zu Beginn gestartete Grappa-Produktion wurde 1975 zunächst eingestellt – zu gering war die Ausbeute, als das sich die Erzeugung von Grappe gelohnt hätte. 1982 kam dann der Neubeginn in größerem Rahmen, seit 1985 werden feine Obstbrände destilliert, 1997 kam noch ein Weinbrand hinzu.

Grappa Müller-Thurgau

Vom eigenen beim Bergdörfchen Faedo in einer Höhe von 550 bis 750 Metern gelegenen Weinberg Palai stammen die nur wenig gepressten Trester des Müller-Thurgaus, die im Gut unter Luftabschluss fermentiert und doppelt diskontinuierlich im Wasserbad-Alambic gebrannt wurden. Reifung im Edelstahlgebinde (48 %vol, 70 cl). Kristallklare, ansprechend fruchtige Grappa mit Anklängen an Pfirsich, Aprikose und Rebholz. Am Gaumen harmonisch reif mit eleganter Harmonie.

Poli

Distillerie Poli in Schiavon
Via Marconi, 12
36060 Schiavon
Venetien

Jacopo Poli genießt als Grappa-Destillateur nicht nur in Italien allerhöchste Anerkennung. Speziell die internationale Spitzengastronomie möchte die feinen Brände in ihren edlen Kristallflaschen nicht mehr missen. Das liegt vor allem daran, dass die Brände höchste Qualität und erlesene Weichheit vereinen. Um das ehrgeizige Ziel über so viele Jahre hinweg kontinuierlich zu erreichen, werden nur frische Trester verwendet, die in der Regel aus renommierten Weingütern stammen. Zudem wird nur während der Weinlese destilliert, in einer kupfernen Brennanlage unter strikter Temperaturkontrolle diskontinuierlich mit Dampf.

Die Standardqualität der Polis gehört im Grunde schon zur Spitze: Der Trester besteht aus 40 Prozent Cabernet und 60 Prozent Merlot, die mittlerweile von den Hügeln bei Bassano del Grappa stammen, wo die Familie Poli gleich neben der Museums-Grapperia von Nardini ein eigenes, informatives Grappa-Museum eröffnet hat. Neu im Programm ist neben den rebsortenreinen Grappe der Linie Amorosa, den Traubenbränden namens Chiara, dem Brandy und den Obstdestillaten der Serie Stagione auch eine neue Kleinstserie an Grappe aus Aromarebsorten: Po di Poli der Sorten Moscato und Traminer.

Chiara di Uva Fragola

Traubenbrand aus der seltenen »Erdbeertraube« Fragola (auch Isabella Selvatiche oder Clinto genannt), die in Friaul, Venetien, vor allem aber in den Weinbars in Venedig Kultstatus genießt. Die Trauben wachsen in den Hügeln rund um Marostica (43 %vol, 50 cl). Erdbeeren, viele Erdbeeren, dazu Kirschen, Brombeeren, ein Hauch Cassis: Sofort wird klar, warum die Fragola hier, wo sich Weinberge und Obstgärten abwechseln, so beliebt ist. Ihr unverkennbares Aroma prägt diese feine, leichte Grappa und macht sie zu einem Destillat für Devotés.

Psenner

Destillerie Ludwig Psenner
Bahnhofstraße/Via Stazione, 1
39040 Tramin/Termeno
Südtirol

In der ältesten, 1947 von Ludwig Psenner auf Schloss Rechental bei Tramin gegründeten Williams-Brennerei Italiens entsteht auch erstklassiger Grappa, denn schließlich begann die Karriere von Psenner mit der Destillation von Tresterbränden. Obwohl der Brenner mit dem Nebenberuf Obstbauer hauptsächlich durch seine eleganten und feinen Birnenbrände bekannt ist, stellt er nach wie vor Grappa her, die zu den sortentypischsten der Südtiroler Grappe gehört. »Meine Heimat liegt mir im Blut«, meint der Destillateur und dazu gehören nun einmal Gewürztraminer, Blauburgunder und Lagrein, deren Trester ausgesprochen aromatische Brände ergeben. Destilliert wird diskontinuierlich mit einer unter Dampf betriebenen Kupferbrennblase.

Grappa Gewürztraminer

In limitierter Auflage aus in der Destillerie vergorenen Trestern des Südtiroler Traminer Aromatico gebrannt (43 %vol, 50 cl).
Ausgewogene, rassige Grappa mit sehr typischem, von Orangen und Bergamotte beherrschtem Fruchtbukett. Fülliges Gefühl im Mund, intensiver Abgang.

Roner

Distillerie Roner
Via Josef von Zallinger, 30
39040 Tramin/Termeno
Südtirol

Unmittelbar nach dem Zweiten Weltkrieg von Gottfried Roner gegründete Brennerei, die sich noch heute in Familienbesitz befindet. Die ursprünglich nur mit einer Brennblase arbeitende Kleinbrennerei hat sich zu einem Unternehmen gemausert, in dem täglich (!) bis zu 25 000 Kilo Trester sowie 48 000 Kilo Obstmaische destilliert werden – ein Bereich, in dem Roner italienischer Marktführer ist. Vorreiter sind die Roners auch beim Streben nach Qualität: Die erste italienische Brennerei, die eine umweltfreundliche Dampfkesselanlage nach EG-Empfehlung einsetzte, ist Gründungsmitglied des Südtiroler Grappa-Produzentenvereins, dessen Schutzmarke »Marchio di tutela Grappa dell'Alto Adige« seit 1976 an strenge Vorschriften und Kontrollen gekoppelt ist.

Grappa Gewürztraminer

Aus Gewürztraminer-Trester des Weindorfes Tramin direkt nach der Kelterung angeliefert und unter Luftabschluss fermentiert. Diskontinuierlich gebrannt und nach acht Monaten Lagerung abgefüllt (43 %vol, 70 cl).
Würziges, sommerlich-florales Destillat mit intensivem Aroma und schweren, an eingemachte Früchte erinnernden Tönen auf der Zunge, die nachhaltig und weinig ausklingen.

Ruggeri

Ruggeri e Cie
Via Garibaldi, 13
31049 Valdobbiadene
Venetien

1950 gegründetes Wein- und Sektgut, das sich vor allem mit der Herstellung von Spumante der Rebsorte Prosecco einen Namen gemacht hat. Neben den Standard-Proseccos werden hier erstklassige Lagensekte des Crs Cartizze erzeugt. Seit einigen Jahren nutzt man zusätzlich die Chancen, die die neu geschaffene DOC-Zone Colli di Conegliano bietet, und baut Rotwein an. Im sehr guten Weinjahr 1992 ließ das von Paolo Bisol geführte Unternehmen eine alte Tradition der Gründerfamilie wieder aufleben: Zur Erinnerung an die 1850 in Valdobbiadene gegründete Destillerie von Eliseo Bisol werden seither Grappe aus den Trestern von Prosecco und Cartizze-Prosecco gebrannt, zu denen mittlerweile eine Grappa di Cabernet und eine weiße Mischsatz-Grappa kamen.

Grappa di Cartizze

Aus den sorgfältig nachvergorenen Trestern des Prosecco der Spitzenlage Cartizze von Valdobbiadene destilliert und im Edelstahlgebinde ausgereift (42 %vol, 50 cl).
Gelungenes Destillat mit fröhlich-frechem Aroma von Limetten, Äpfeln und Blütenwiesen. Konsequente Entwicklung in Richtung herb-süß und fruchtiger, langer Nachklang.

San Leonardo

Marchesi Guierrini Gonzaga
Tenuta San Leonardo
Frazione Borghetto all'Adige
Località San Leonardo, 3
38060 Avio
Trentino

Der pittoreske Weiler San Leonardo im Süden des Trentino an der Grenze zu Venetien ist nachweislich schon seit 1500 Jahren besiedelt. Bereits früh begann man im durch mediterranes Klima und den milden Ora-di-Garda-Wind vom nahe gelegenen See verwöhnten Lagarina-Tal Wein anzubauen. Heute gehören Örtchen und Weingut dem Markgrafen Carlo Guierrini Gonzaga, dessen Familie hier schon seit Mitte des 18. Jahrhunderts zu Hause ist – eine Verpflichtung aus Tradition, welcher der Marchese gerne nachkommt. Langsam zahlen sich die Investitionen in die Neuanlage von Weinbergen und eine moderne Kellerei aus. Die Weine genießen allgemein einen guten Ruf, allen voran die Cuvée San Leonardo aus 60 Prozent Cabernet Sauvignon, 30 Prozent Cabernet Franc und 10 Prozent Merlot.

Grappa San Leonardo

Das Distillato di Vinacce Selezionate entsteht aus den besten Cabernet- und Merlot-Trestern des Guts, die mit der Cuvée San Leonardo vergoren wurden und gleich nach dem Abstich bei Bruno Franceschini in Cavaion gebrannt wurden (43 %vol, 70 cl). Elegante, feingliedrige Grappa mit reichem Duft und feinen Rebholz- und Veilchennoten; am Gaumen eher leicht und komplex mit schönem, auffrischendem Finish.

Schiavo

Distilleria Guido Schiavo
Via Mazzini, 39
36030 Costabissara
Venetien

Schon 1887 zog Giuseppe Schiavo erstmals los: Mit seinem mobilen Destillierkessel besuchte er Fattoria nach Fattoria rund um Vicenza, um Trester zu brennen. Nach dem ersten Weltkrieg ließ er sich dann in Costabissara nieder und baute eine kleine Destillerie, bestehend aus Fermentationslager und nur einem Kupferkessel. Sein Sohn Guido erkannte bereits 1960 die Qualitätssteigerung, die das Brennen ganz frischer Trester in den Bereich des Möglichen rückte. Den vorhandenen Platz nutzte er statt für Trestersilos für insgesamt neun Brennblasen, um während der Lesezeit von Oktober bis Weihnachten ununterbrochen frisch angelieferte Trester brennen zu können. Heute führt Enkel Beppe die Geschäfte des Familienunternehmens und widmet sich vor allem rebsortenreinen Grappe aus seltenen Rebsorten der Region.

Grappa Vera di Clinto

Kult-Grappa, die die seltenen Trester der Clinto, einer in den 20er Jahren aus Amerika importierten, reblausresistenten Sorte, als Ausgangsbasis für die diskontinuierliche Brennung hat (43 %vol, 50 cl). Im Geschmack zart, reintönig und klar, mit einem einzigartigen Aroma.

Segnana

Distilleria Segnana di Fratelli Lunelli
Via Ponte di Ravina, 15
38040 Trento
Trentino

Anfang des 20. Jahrhunderts erhielten die Bauern des Dolomitendorfes Valsugana von den Habsburgischen Landesherren die Genehmigung, ihre eigenen Trauben und Trester für den Hausgebrauch zu brennen. Paolo Segnana fuhr von da an mit seiner Brennblase von Hof zu Hof, bis er sich schließlich im Ort fest niederließ. 1982 übernahmen die Fratelli Lunelli, im Dorf ansässige Winzer und Sekthersteller (»Spumante Ferrari«), von Paolos Enkel Armando die kleine Brennerei. 2001 wurde die Brennerei zum Firmensitz von Spumante Ferrari verlagert und in einem neuen Gebäude vollständig modernisiert wieder in Betrieb genommen. Der Schritt nach vorne bedeutete trotz des erhöhten Aufwands eine Rückkehr zu den alten Traditionen: Seit dem Umzug werden alle Grappe im traditionellen Wasserbad-Verfahren des Trentino gebrannt. Ferrari ist Inhaber der Quelle des bekannten Mineralwassers Surgiva, mit dem auch die Grappe auf Trinkstärke herabgesetzt werden.

Grappa Solera

Im aus Jerez bekannten Solera-Fass-System ausgebaute Grappa aus einem typischen Trentiner Mischsatz, diskontinuierlich im Wasserbad-Alambic destilliert und mit dem Gütesiegel Trentino Grappa versehen (42 %vol, 70 cl).
Tief bernsteinfarbenes Destillat mit komplexem Duft nach Trauben, Vanille, Gewürzen und Bouquet Garni. Weinig-warmer Körper mit leicht pikanten Tönen im fließenden Abgang.

Tedeschi

Fratelli Tedeschi
Via Verdi, 4
37020 S. Pietro in Cariano
Venetien

Das Familienweingut mit langer Geschichte – es wurde 1824 von Nicolò Tedeschi in der Weinbauregion von Verona gegründet – ist auf dem Weg zurück zu den eigenen Wurzeln. Heute sind Nicolòs Nachfahre Lorenzo und dessen Kinder Antonietta, Sabrina und Riccardo dabei, ihre Region auf den Kopf zu stellen. Schon immer war die Familie auf Bewahrung ihrer Tradition bedacht, wurden die Methoden der Gründer nur behutsam modernisiert und die Vorteile heutiger Kellertechnik genutzt, ohne die Weintypen zu verändern. Seit einigen Jahren wird in Zusammenarbeit mit Weinbauschulen energisch geforscht, die alten, längst vergessenen Rebsorten der Region wurden wieder ausgepflanzt und die historischen Weine rekonstruiert: mit durchaus modernem Ergebnis. Die Weine gehören zunehmend zu den besten der Anbauzone und gefallen vor allem durch ihre lange Lebensdauer. Klassisch auch die Grappa des Gutes aus dem Lagen-Recioto Capitel.

Grappa Capitel

Aus den alkoholreichen Trestern des Amarone di Valpolicella vom Weinberg Monte Olmi von Bruno Franceschini gebrannt und nach Reife im Eichenfass mit 45 %vol (70 cl) abgefüllt. Hell amberfarbene, kräftig gebaute Grappa, die einen angenehmen Duft nach reifen Trauben und Vanille verströmt. Im Munde unverfälscht und lang.

Tiefenbrunner

Cantina Tiefenbrunner
Via Castello, 4
Frazione Niclara
39040 Cortaccia/Kurtatsch
Südtirol

Die auch als Castel Turmhof bekannte Kellerei von Herbert und Christof Tiefenbrunner gehört zu den angesehensten Erzeugern Südtirols. Das Gespann aus Vater Herbert und Sohn Christof vereint dabei die Kenntnisse und die Weisheit zweier Generationen: Was Herbert an Erfahrung voraushat, macht Christof durch Trendgespür wett. Schon lange haben die beiden deshalb die Sprachgrenze südlich ihrer hoch gelegenen Weinberge gesprengt und sind in ganz Italien gefragt. Selbst der für römische Zungen nur schwer auszusprechende Tafelwein Feldmarschall von Fenner aus in einer Höhenlage von 1000 Metern gewachsenen Müller-Thurgau-Trauben wird gerne in den Restaurants der Hauptstadt geordert. Aus dem Gewürztraminer Castel Turmhof und dem »Feldmarschall« lässt man bei Walcher in Eppan feine Grappe brennen – und auch sie erwarben sich in der Heimat der Grappa Ansehen.

Grappa Gewürztraminer 2000

Sortenreine Grappa aus den Trestern des Gewürztraminers, die bei Vorzeigebrenner Walcher diskontinuierlich im Kupferalambic gebrannt und harmonisiert werden (42 %vol, 50 cl).
Ausgereifter, konzentrierter Brand mit vollmundigem Gewürztraminer-Aroma: saftige Orangen, helle Gewürze, dazu Kräuter und Rosenblüten.
Im Mund füllig und harmonisch mit ausgeprägten Orangenaromen.

Tonon

Vini Tonon
Via Carpesica, 1
31010 Carpesica di Vittorio Veneto
Venetien

Auf den Anbau von Prosecco, der traditionellen Rebsorte der Marca Trevigiana, spezialisiertes Weingut, dass sich seit 1936 in Familienbesitz befindet. Prosecco ist für Loris Tonon, Enkel des Gründers Piero, mehr als eine Moderebsorte. Er führt selbstbewusst den internationalen Erfolg der daraus gekelterten Frizzante und Spumante auf die besonderen Eigenschaften der Sorte, auf ihre Heimat und die unübertreffliche Feinheit des venetisch/venezianischen Geschmacks, der Prosecco schon seit Jahrhunderten als Aperitif und Gute-Laune-Wein schätzt, zurück. Neben Standard-Prosecco baut der Veneter auch Cartizze-Lagenweine an, produziert Spumante der DOC-Zone Valdobbiadene und Conegliano und bietet mit dem Rosso de Camúl auch einen Wein für anspruchsvolle Rotweintrinker an.

La Graspa de Piero Tonon

An klassischen Vorbildern orientierte Grappa Monovitigno aus Prosecco-Trestern der DOC-Zone Conegliano/Valdobbiadene, in der bekannten Qualitätsdestillerie von Benjamino Maschio in San Pietro di Feletto im traditionellen Kupferbrennapparat mit Dampfbefeuerung doppelt diskontinuierlich gebrannt (42 %vol, 70 cl). Feinfruchtiges, sortentypisches Destillat mit merklichen Mineraltönen und Blütendüften, die sich am Gaumen konsequent weiterentwickeln und an Weinigkeit gewinnen, bis sie angenehm auslaufen.

Tosolini

Distilleria Bepi Tosolini
Via della Roggia, 22
33040 Marsure di Povoletto
Friaul

Die 1949 von Bepi Tosolini gegründete Destillerie steht heute unter der Leitung des Önologen Giovanni Tosolini und dessen Kinder Giuseppe, Bruno und Lisa, die sich der Erhaltung alter friulanischer Traditionen verschrieben haben. Bekannt ist die Brennerei für ihre »Acquavitae« genannten Grappe, die im Jahre 2001 gleich dreimal den begehrten Alambicco d'Oro der Italienischen Vereinigung der professionellen Grappaverkoster (ANAG) gewinnen konnten. 2002 gelang der gleiche Erfolg mit zwei rebsortenreinen Traubenbränden aus der Linie »Most«. Die verwendeten Rohstoffe stammen aus den DOC-Anbaugebieten Colli Orientali del Friuli und Grave del Friuli.

Most – Uve Tipiche Friulane

Aus typischen Rebsorten Friauls wie Refosco, Ramandolo und Ribolla zusammengestellter Mischsatz-Traubenbrand. Die Trauben wurden sanft gepresst und mit den Schalen bei Niedrigtemperatur fermentiert, in traditionellen Brennblasen mit Dampf gebrannt und schließlich in Fässern aus Eschenholz gelagert (43 %vol, 70 cl). Komplexes, anmutiges Destillat mit einem leichten, durch florale Töne bestimmten Bukett und mineralischen Noten; am Gaumen trocken mit voller Frucht.

Villa Girardi

Villa Girardi
Via Villa Girardi
37029 San Pietro in Cariano
Venetien

Die Weinberge dieses 30 Hektar großen Weinguts nahe Verona verteilen sich über drei Bereiche mit geschützter Herkunftsbezeichnung: Bardolino, Soave und Valpolicella. Neben trocken ausgebauten Weinen dieser Gebiete werden auch die traditionellen Recioto und Amarone aus gesunden, monatelang luftgetrockneten und damit konzentrierten Corvina-, Rondinella- und Molinara-Trauben erzeugt – der Recioto als edelsüßer, schwerer Dessertwein, der Amarone als voll durchgegorener, kräftiger Rotwein mit angenehm adstringierenden Frucht-Tanninen.

Grappa di Recioto della Valpolicella

Aus dem mit dem Most vergorenen Trestermischsatz des Amarone della Valpolicella der Weinlage Opere di San Pietro von San Pietro in Cariano. Handwerklich im traditionellem Verfahren gebrannt und in kleinen Eichenfässern gelagert (43 %vol, 35 cl).
Amberfarben, mit feiner Kräuternase, merklichem Vanille-Nuss-Aroma und satter Traubigkeit im runden, leicht fülligen Körper.

Villanova

Distilleria Val di Rosa
di Tenuta Villanova S.p.A.
Via Contessa Beretta, 7
34070 Farra d'Isonzo
Friaul

Kleine, handwerklich betriebene Destillerie, die zum 1499 gegründeten Weingut Villanova in den Collio-Hügeln Friauls gehört. Speziell für die Destillation werden im Weingut Trauben angebaut, die früh gelesen werden, um kräftige Säure zu behalten, was dem Brand mehr Charakter verleiht. Destilliert wird diskontinuierlich, sowohl mit Dampf als auch im Wasserbad. Nachgeschaltet sind Refrakturierungskolonnen, um reinere, klarere Destillate zu erzeugen.

Monte Cucco Cabernet

Rebsortenreine Grappa aus friulanischem Cabernet, direkt nach dem Abstich frisch diskontinuierlich gebrannt (45 %vol, 50 cl).
Sortentypisches Destillat mit dem weinigen, durch Nüsse und Rebholz geprägten Duft des Cabernet. Am Gaumen satte Erdigkeit und konsequente Entwicklung bis ins Finish.

Zardetto

Zardetto Spumanti
Via Marcorà, 15
31020 Scomico di Conegliano
Venetien

In der Heimat des Prosecco gelegenes Wein- und Sektgut, das 1969 von dem Önologen Pino Zardetto gegründet wurde, der heute aktiv von Sohn Fabio unterstützt wird. Neben trockenen Weißweinen der kontrollierten Herkunftsbezeichnungen Cartizze und Prosecco di Conegliano widmen sich die Zardettos seit mehr als 15 Jahren vorwiegend der Erzeugung von Schaumweinen aus der Prosecco-Traube, die mittels einer Variante des in Venetien üblichen Charmat-Verfahrens mit verlängerter Hefegärung erzeugt werden. Mit diesem Verfahren wurde die Qualität des in ganz Europa imageträchtigen, aber preisgünstigen Prosecco so deutlich verbessert, dass Prosecco Spumante heute den Status eines modernen Klassikers genießt.

Grappa Zardetto Cartizze

Rebsortenreine Prosecco-Grappa aus der Höhenlage Cartizze in Conegliano, bei Niedrigtemperatur diskontinuierlich gebrannt.(50 %vol, 75 cl). Ein anspruchsvoller, intensiver Genuss: zunächst herbstlich mit erdigen und holzigen Noten, zu denen sich bald Frucht gesellt – Aromen, die am Gaumen zu einem langen, geschmeidigen Geschmack verschmelzen.

Zenato

Zenato
Via San Benedetto, 8
37010 Peschiera del Garda
Venetien

Die klimatisch begünstigten Weinberge südlich des Gardasees – genauer gesagt zwischen Desenzano und Peschiera del Garda in den Provinzen Brescia und Verona – sind die Heimat einer raren Weinspezialität Italiens: des vorwiegend aus Trebbiano di Lugana gekelterten Vino Lugana, eines frischen, spritzigen Weißweins mit zartgrünem Schillern. Zu den renommiertesten Erzeugern gehört die Familie Zenato, die in ihrem 20 Hektar großen Weingut Santa Cristina mit dem Lagen-Lugana Vigneto Massoni einen der herausragendsten Vertreter seiner Art keltert. Daneben erzeugen die Qualitätswinzer kräftige Rotweine nach traditioneller Art (Amarone della Valpolicella) wie auch in modernem Stil (Cabernet Sauvignon Santa Cristina), die hohes Ansehen genießen.

Grappa di Lugana

Sortenreines Tresterdestillat aus den Schalen der Trebbiano di Lugana, bei Bruno Francheschini in Cavaion im Dampf-Kupferkessel doppelt destilliert und im Glasballon harmonisiert (43 %vol, 50cl). Ein sanfter Kraftprotz: Fast wie Honig fließt diese von Nusstönen und matter Frucht beherrschte Grappa die Kehle hinab, bevor sie kurz vor dem Finish mit leichten Bittertönen überrascht.

Zeni

Azienda Agricola Roberto Zeni
Via L. Adige
38010 Grumo di San Michele all'Adige
Trentino

1882 gegründetes Weingut, das heute den Brüdern Andrea und Roberto Zeni gehört. Seit mehr als 30 Jahren zählen die beiden zu den innovativen Winzern des Trentino, die ihren Weinen nicht nur ein internationales Profil verliehen haben, sondern auch einen ganz eigenen Charakter: moderne Weine, die dennoch ihre Herkunft und vor allem ihren Jahrgang und dessen Verlauf nicht verleugnen. Daneben destillieren die Brüder Zeni ihre Grappe aus den eigenen Trebern im klassischen System des Trentino (in einem diskontinuierlich betriebenen Wasserbad-Alambic) und lagern die Destillate im Gut bis zur völligen Reife – was ihrer Ansicht nach erheblich länger dauern kann, als gesetzlich vorgeschrieben. Das Ergebnis konsequenter Qualitätspolitik sind Grappa-Entdeckungen für Einsteiger und Fortgeschrittene gleichermaßen. Auch nach langen Jahren regelmäßiger Verkostung der neuen Jahrgangs-Grappe bleibt mein Urteil bestehen: hervorragende Winzer-Grappe, die man sich keinesfalls entgehen lassen sollte.

Grappa Trentina di Teroldego (1999)

Trester des Teroldego der Lage Pini des Campo Rotaliano; das Destillat reift lange in kleinen Holzfässern (40 %vol, 70 cl)
Sehr attraktiver, ausgesprochen sortentypischer Brand mit frisch-fruchtigen Noten über einem reichen Blütenbukett. Im Mund konsequente Entwicklung und weiches Finish.

Mittelitalien

Wo das Herz der Grappa pocht

Hier pocht das lebensfrohe Herz des italienischen Weinbaus. Von der Toskana und Latium mit den Zentren Florenz, Siena und der Ewigen Stadt Rom am Tyrrhenischen Meer über die im Landesinneren gelegenen Abruzzen und Molise mit den Hochgebirgszügen des Zentralapennins in Umbrien bis zu den Marken, dem Garten Italiens rund um Ancona und Pescara an der blauen Adria: kaum eine Wegbiegung, an der nicht ein Hinweisschild zu einer Weinprobe einlädt. Selbst hoch oben in den Bergen bei L'Aquila lässt sich ohne Mühe eine gastfreundliche Osteria finden, in der neben Wein auch erstklassige Grappa angeboten wird. Denn gerade in diesen zentralen Regionen Italiens mit ihrer von wilden Auseinandersetzungen geprägten Geschichte haben die Menschen schon vor vielen Jahrhunderten gelernt, das Leben so zu nehmen, wie es ist und rechtzeitig vorzusorgen. Die »Resteverwertung« der Grappa-Destillation hat hier notgedrungen tiefe Wurzeln, die bis weit in die Vergangenheit reichen. Der heutige Besucher allerdings erlebt die friedliche Kehrseite dieser harten Lektionen: Wein und Grappa weisen ein außerordentliches Niveau auf, hinter dem die regionale Küche keineswegs zurücksteht.

Toskana

In dieser mittelitalienischen Region sind Landschaft, Rebanlagen, Olivenhaine und Architektur eine scheinbar perfekte Synthese eingegangen. Wichtigster Wein ist der Chianti, der im Kerngebiet zwischen Florenz und Siena als Chianti Classico, in sechs weiteren Zonen als normaler Chianti aus den vier Rebarten Sangiovese, Canaiolo, Trebbiano und Malvasia erzeugt wird; die Zugabe von geringen Anteilen weiterer Rebsorten, darunter Cabernet und Merlot, ist seit einiger Zeit erlaubt. Weitere Weine von Spitzenniveau sind der Brunello di Montalcino und der Vino Nobile di Montepulciano, im Weißweinbereich Montecarlo Bianco und Vernaccia di San Gimignano, der als erster Weißwein der Toskana die Bezeichnung DOCG als Nachweis für kontrollierte und garantierte Qualität verliehen bekam – samt und sonders Weine, die seit Jahrhunderten hohen Ruf genießen, aber in den ersten beiden Dritteln des 20. Jahrhunderts einen argen Imageverlust hinnehmen mussten, der zum Großteil auf die Massenproduktion von Rot- und Weißwein zurückgeht, die in der *fiasco* genannten bauchigen Korbflasche für wenige Lire losgeschlagen wurden. Das Fiasko mit der *fiasco* zwang zum Umdenken. Neben radikalen Qualitätsbemühungen und strengeren Vorschriften für die DOC-Weine sahen sich immer mehr engagierte Winzer in Frankreich um und kreierten schließlich Weintypen, die eine Revolution auslösen sollten und die Toskana wieder en vogue werden ließen: körperreich ausgebaute Cuvées, teils aus den neu gepflanzten französischen Reben, teils aber auch reinrassige Chiantis, die aber wie im Bordelais in Barrique-Eichenfässern von etwa 225 Litern Inhalt gelagert werden. Diese innovativen Weine fielen trotz ihrer hohen Qualität nicht unter die DOC-Regelungen und durften deshalb lange Zeit nur als Tafelweine verkauft werden.

1992 schuf man für diese Weine den Begriff IGT (*Indicazione Geografica Tipica*), der für Super-Toskaner rege genutzt wird. Zudem führte die weltweite Anerkennung für die Toskaner Sassicaia und Ornellaia zur Einrichtung der neuen DOC-Zone Bolghari; benachbarte Weinberge in der an der Küste gelegenen Maremma werden folgen. Destillation und Handel mit Grappa sind in der Toskana seit über 600 Jahren belegt, heute gibt es nur wenige Spitzenerzeuger, die nicht auch Grappa destillieren lassen. Viele davon sind auch hierzulande erhältlich, bei anderen lohnt sich die geruhsame Reise an die Quellen in eine der schönsten Landschaften Italiens.

Umbrien

Die Weinregion am Oberlauf des Tiber ist Hügelland – landschaftlich der Toskana ähnlich, aber ohne das internationale Renommee der toskanischen Weine. Der Grund sind vor allem die eher zaghaften Bemühungen hin zur Qualitätserzeugung in der Neuzeit – im 16. Jahrhundert dagegen galten die Weine von Castello, Todi und Orvieto als Ausnahmeerscheinungen. Erste Schritte zurück zum alten Ruhm werden inzwischen getan. Dem Beispiel von Dottore Giorgio Lungarotti, der die Tropfen seines Heimatortes Torgiano seit den 1960er Jahren an die Weltspitze führte, folgten so viele Winzer, dass man praktisch von der Revolution der 90er Jahre im umbrischen Weinbau sprechen kann. Ein Großteil der Winzer begrenzte wie ihr Vorbild den Ertrag, änderte zudem die Produktionsverfahren und damit die Ausrichtung der Kellerei. Und man besann sich auf die eigene Geschichte und entdeckte etwa die

Weinbau in Terrassen erlaubt es, selbst steile Weinberglagen zu nutzen.

rote Sorte Sagrantino wieder, deren Weine aus Montefalco für Aufsehen auf dem internationalen Parkett sorgten. Große Grappa-Destillerien wird der Umbrienreisende vergeblich suchen. Dafür lohnt es sich, bei den bekanntesten Namen wie Caprai in Montefalco und Lungarotti in Torgiano anzufragen, denn dort finden sich Winzer-Grappe, die wie ihre Weine Zeugnis ablegen vom Wiederaufstieg der Weinbauregion im grünen Herzen Italiens.

Marken

Wie ein großer Garten fallen die Marken zum Meer hin ab. Das historische Grenzland zwischen dem mittelalterlichen Kaiserreich und dem Kirchenstaat im Süden, von Pesaro bis Ascoli, mit dem Zentrum Ancona – beherbergt einen fruchtbaren Küstenstreifen zwischen Apennin und Adria. Wie in vielen klimabegünstigten Gegenden ist auch hier der Wein meist üppig und reif, ohne Säurekorsett, was ihm eine sanfte Flachheit verleiht, die Kenner bedauern. Ausnahme ist der Verdicchio, ein frischer, rassiger Weißwein mit angenehmer Frucht, dessen beste Vertreter aus Castelli di Jesi, Matelica und Serrapetrona stammen – ein Wein, der in den letzten Jahren berechtigt einen internationalen Siegeszug angetreten hat.

Auch die Rotweine vom Rosso Conero bei Ancona, die aus der hier heimischen und weit verbreiteten Rebsorte Montepulciano gekeltert werden, errangen in den letzten Jahren immer häufiger Auszeichnungen. Die konsequente Arbeit hin zu Spitzenqualität und der aufmerksame Blick, mit dem die Interessen der Weinkenner und -käufer beobachtet wurden, hat auch zu einer Belebung der hiesigen Grappa-Szene geführt. Vor allem die Renommierbetriebe der Region bieten mittlerweile Grappe an und machen so den Namen ihres Gebiets zurecht auch bei den Destillat-Liebhabern bekannt.

Abruzzen und Molise

Die mittelitalienische Weinbauregion Abruzzen schließt sich südlich an die Marken an. Knapp 3000 Höhenmeter erhebt sich die Landschaft von der Adria hinauf zum Gran-Sasso-Massiv, bis auf 600 Meter Höhe ist Weinbau erlaubt. Mengenmäßig stehen die Abruzzen an siebter Stelle der italienischen Anbaugebiete, es wird nur geringfügig weniger Wein als im Piemont erzeugt. Vorherrschend ist allerdings preiswerter Konsumwein aus der weißen Rebsorte Trebbiano d'Abruzzo und der roten Montepulciano d'Abruzzo, die dank ihrer Farbkraft über viele Jahrzehnte den toskanischen Gewächsen als Deckwein diente. Daneben finden sich zunehmend hochwertige Weine von ambitionierten Winzern, die die Möglichkeiten des modernen Rebbaus und entsprechende Kellertechnik nutzen, um das Potenzial ihrer Trauben optimal zur Geltung zu bringen.

Die Destillation von Grappa war im harten Winter der Abruzzen über Jahrhunderte eine schiere Notwendigkeit, um Medizin und Seelenwärmer zugleich zu liefern. Gut waren diese Grappe wohl nicht, zudem illegal. Das hat sich geändert: Die Trester des als Wein oft schwachen und ausdruckslosen Trebbiano eignen sich offensichtlich gut zur Destillation. Wen wundert's, wird doch auch Cognac aus dieser dort Ugni Blanc genannten Rebsorte destilliert. Die langsame Maischegärung der Rotweine in den kalten Kellern der Abruzzen sorgt darüber hinaus für gute Voraussetzungen für Rotweingrappe. Bedauerlich nur, dass diese Varianten des Ars-Vivendi-Schnapses ebenso wie die aus dem südlich angrenzenden Molise nur selten andernorts zu finden sind.

Latium

Auf der anderen Seite des Apennin breitet sich das antike Land der Latiner rund um die Hauptstadt Rom aus. Der Weinbau ist hier wichtiger Wirtschaftsfaktor, die Region steht an fünfter Stelle der italienischen Mengenliste. Vor allem der Frascati, einer der Vini dei Castelli Romani (Weine der römischen Hügel), ist außerhalb Italiens einer der meistverbreiteten Weine, wenn auch selten in Hochform. Einen Niedergang hat auch der Est!Est!Est! aus Montefiascone hinter sich, dessen ungewöhnlicher Name (Der ist's! Der ist's! Der ist's!) vor 800 Jahren zwar das erste Gütesiegel für Wein darstellte, der aber heute nur noch zu den Durchschnittsweinen zählt. Allerdings: Langsam aber sicher bewegt sich etwas in Latium, wobei wohl das benachbarte Kampanien mit seiner erfolgreichen Qualitätsoffensive ein gutes Vorbild abgab. Verbessert sich erst einmal die Weinqualität in einer Region – so lehrt die Erfahrung –, dann lohnt es sich bald auch, dort nach guten Grappe zu suchen. Grappa aus Latium sollte also nicht übersehen werden, wenn man zufällig darauf stößt.

Aiola

Fattoria della Aiola
Località Vagliagli
53010 Siena
Toskana

Mitten im Chianti-Classico-Gebiet liegt die ehemalige Festung der Stadt Siena aus dem 13. Jahrhundert, die sich einst gegen Florenz richtete. Im 17. Jahrhundert wurde sie zum klassischen Toskana-Landsitz mit Bauerngehöft und Herrschaftsvilla umgebaut, heute ist die Fattoria bekanntes Weingut mit angeschlossenem Landhotel. Inhaber Giovanni Malgodo und sein renommierter Kellermeister Niccolo d'Afflittò, der früher bei den Marchesi Frescobaldi für Castelgiocondo zuständig war, vinifizieren hier Chianti Classico DOCG, den weißen Val d'Arbia DOC, edelsüßen Vin Santo und den aus Cabernet-Trauben gekelterten Vino da Tavola »Logaiolo«. Daneben lässt man Olivenöl Extra Vergine und Grappa erzeugen.

Grappa L'Aiola

Aus frischen Trestern des Chianti Classico bei Bonollo im klassischen Verfahren diskontinuierlich mit Dampf destilliert (45 %vol, 70 cl). Einschmeichelndes Destillat mit fruchtigem, ansprechendem Aroma und elegantem, weichem Körper – ausdrucksstark und würzig.

Weitere Grappe: *Grappa Vecchia Riserva*

Altesino

Azienda Agricola Altesino
Località Torrenieri
53028 Montalcino
Toskana

Toskanisches Bilderbuch-Weingut auf den Hügeln über Montalcino. Eine malerische Zypressenallee führt hinauf zum Weingut mit römischen Fundamenten in den kühlen Gewölbekellern, das auf den Ruinen des antiken Palazzo Altesi errichtet wurde. Altesino gehört zu den guten Adressen für Brunello di Montalcino. Daneben hat sich der Gutsönologe und Mitinhaber Claudio Basla einen Namen für experimentellere Weine erworben, deren Zusammenstellung sich über die gesetzlichen Vorschriften für den Brunello hinwegsetzt. Die Ergebnisse sind so, dass der »Altesino«-Stil gerne in der Nachbarschaft nachgeahmt wird.

Der besondere Ehrgeiz von Claudio Basla und seinem Kompagnon Giulio Consonno gilt der Grappa. 1972 waren beide mit dem Ziel angetreten, den besten Winzer-Grappa Italiens aus den Trestern ihrer Fattoria destillieren zu lassen, wie Claudio Basla erzählt. In Gioacchino Nannoni haben sie einen gleich gesinnten Unterstützer gefunden, und die »Grappa di Fattoria« war erfunden. Seither überzeugt die Grappa di Brunello von Altesino Jahr für Jahr mit bester Qualität und ist damit auch typisch für die auf Spitzenprodukte abonnierte Region um Montalcino.

Grappa di Brunello (1999)

Aus den durchgegorenen, noch feuchten Trestern der Brunello-Rebe Sangiovese Grosso direkt nach dem Abstich bei Gioacchino Nannoni diskontinuierlich gebrannt. Nach der Lagerung im Eichenfass dort mit 42 %vol abgefüllt (50 cl). Weinig-sanftes Destillat mit feiner Bernsteinfarbe; die tiefe Frucht harmoniert mit zarten Tannintönen aus dem Eichenfass und enthüllt nussig-cremige Aromen, die sich am Gaumen bis in den langen und intensiven Abgang durchsetzen.

Antinori

Marchesi Antinori
Piazza degli Antinori, 3
50123 Florenz
Toskana

Seit 26 Generationen machen die Markgrafen von Antinori Wein, wobei die Zentrale des heute von Marchese Piero Antinori geleiteten Familienunternehmens nach wie vor im Palazzo Antinori im Herzen von Florenz liegt. Der Besitz kann sich sehen lassen: neben ausgedehnten Weinbergen und -kellereien in der Toskana und in Umbrien haben die Antinoris in den letzten Jahren auch im Piemont, im Napa Valley Kaliforniens und in Umgarn investiert. Die Orientierung hin zu moderner Tafelkultur hat Piero Antinori schon früh auf das Potenzial aufmerksam werden lassen, das im Italo-Digestif Grappa steckt. Eine eigene Destillerie wurde errichtet, in der die Trester aus den verschiedenen Antinori-Weingütern zu echten Winzer-Grappe destilliert werden. Natürlich weiß Piero Antinori, dass sein Ruf als Weinmacher auch von der Qualität der unter seinem Namen verkauften Brände abhängt. Doch er ist auch auf diesem Gebiet Vollprofi: Obwohl noch einige Antinori-Grappe wie der aus dem Solaia destillierte Tresterbrand im Handel sind, will man sich zukünftig auf die Produktion der Grappa di Tignanello beschränken, die zweifelsohne zu den besten Winzer-Grappe Italiens gehört.

Grappa di Tignanello

Aus Trestern der Trauben des Weinbergs Tignanello im Chianti-Classico-Gebiet, nahe Mercatale Val di Pesa, 20 % Cabernet Sauvignon, 80 % Sangiovese. Direkt nach dem ersten Abstich werden die Trester zur nahe gelegenen Destillerie in Casciano Val di Pesa gebracht und dort mit Dampf in traditionellen Brennblasen destilliert. Nach der Lagerung wird eine Cuvée zusammengestellt, die diesem Aromaprofil Kontinuität über die Jahre verleihen soll (42 %vol, 50 cl).
Ein eleganter Brand mit zartem, herbstlich geprägtem Aroma: Typisch für Sangiovese/Cabernet sind feine Kräuternoten und eine cremige Sanftmut am Gaumen, die lange nachklingt.

Avignonesi

Avignonesi
Via Di Gracciano nel Corso, 91
53045 Montepulciano
Toskana

Tradition wird im Hause Avignonesi groß geschrieben – noch immer gehört das heute mehrere Weingüter umfassende Weinhaus mit Sitz in einem Palazzo aus dem 16. Jahrhundert den Nachfahren jener »Avignonesi«, die in der Renaissance treu ihren Papst in die Gefangenschaft nach Avignon begleiteten und mit ihm auch wieder heimkehrten. Mit sich brachten sie das Konzept eines »heiligen Weines«, eines Vin Santo. Dabei handelt es sich um einen Wein aus luftgetrockneten Trauben, der heute noch eine Spezialität von Avignonesi darstellt, wie etwa der sehr rare Occhio di Pernice, ein üppiger Dessertwein mit reifer Süße und kräftigem Säurekorsett.

Moderner, aber gleichfalls der Tradition verhaftet sind die Chiantis und der Vino Nobile di Montepulciano, während die IGT-Weine Grifi (aus Cabernet Sauvignon), Il Marzocco (aus Chardonnay), Il Vignola (aus Sauvignon Blanc), Valdicapraia (aus Pinot Nero) sowie der Desiderio (aus Merlot und Cabernet) beweisen, dass auch die international beliebten Rebsorten zurecht in der Toskana eine neue Heimat gefunden haben. Bei den Grappe ist man wie beim Öl und beim Vin Santo im besten Sinne wertkonservativ: Was bei Nannoni aus den Trestern von Vin Santo und Vino Nobile destilliert wird, trägt zurecht den stolzen Namen Avignonesi.

Grappa da Uve di Vino Nobile di Montepulciano

Aus den frischen, sehr feuchten Prugnolo-Gentile-Trestern eines als Nobile di Montepulciano deklarierten Weines bei Nannoni gebrannt (42%vol, 50 cl). Grappa Bianca mit feinem Kräuterduft, der durch Wildblumen ergänzt wird. Im Munde gut strukturiert, vorherrschend fruchtig und aromatisch bis in den langen Abgang.

Banfi

Banfi
Località Sant'Angelo Scalo
53024 Montalcino
Toskana

Mittlerweile 850 Hektar Rebfläche im Piemont und in der Toskana schlagen für dieses noch junge Großgut zu Buche, das von den amerikanischen Weinimporteuren Harry und John Mariani Mitte der 1970er Jahre förmlich aus dem Boden gestampft wurde. Unterstützung fanden sie bei dem Top-Önologen Ezio Rivella, der seine Erfahrung im Management von Großweingütern einbringen konnte und vor seiner Pensionierung dafür sorgte, dass die Standards auch erhalten bleiben. Die einst über 100 Weine umfassende Kollektion wurde dazu auf ihren Kern reduziert, einige der für den amerikanischen Markt produzierten Konsumweine gestrichen, dafür intensiv an einer weiteren Verbesserung der Spitzenweine gearbeitet. Damit gehört Banfi zu den Top-Gütern Italiens, was auch für das ausgesuchte Grappa-Angebot gilt, bei dem man vor allem auf Aromarebsorten und Rotweinbrände setzt, die sortenrein destilliert werden.

Grappa di Moscadello

Aus den sorgfältig nachvergorenen Trestern der Muskateller-Reben des traditionsreichen Moscadello di Montalcino diskontinuierlich in kleinen Brennblasen gebrannt und mehr als ein Jahr in kleinen Fässern aus Eichen- und Kastanienholz gelagert (45 %vol, 50 cl).

Aromaintensive, zupackende Grappa mit einem frisch-fruchtigem Aroma, aus dem sich langsam Reife- und Gewürznoten entwickeln; im Mund die sortentypische Orange.

Weitere Grappe: *Grappa di Brunello di Montalcino, di Chardonnay, di Bracchetto, di Cabernet, di Gavi.*

Barberani

Azienda Agricola Vallesanta
di Luigi Barberani
Località Cerreto
05023 Baschi
Umbrien

Die Hügelketten Umbriens ähneln in Klima und Boden denen der benachbarten Toskana – und ähnlich wie dort, wenn auch nicht in dieser Breite, haben aufgeweckte umbrische Winzer den Anschluss an den internationalen Weinbau gesucht und gefunden. Einer von ihnen ist Luigi Antonio Barberani, dessen Weingut wohl schon zu römischer Zeit bestand, im Mittelalter dann als Castello di Monticelli bekannt war und heute Vallesanta heißt. Wesentliches Erzeugnis ist neben dem violett schillernden Lago di Corbara Foresco der Orvieto DOC, der in verschiedenen Reife- und Restsüßestufen vom Secco Castagnolo über den Amabile Pulicchio bis zum edelsüßen Muffe Nobile Calcaia vinifiziert wird. Die Trester dieses goldblonden, edelsüßen Weins mit reichem Bukett sind ebenso wie die des Secco Castagnolo zur Destillation von Grappa vorgesehen und werden entsprechend sorgfältig behandelt.

Grappa Calcaia

Grappa aus Trestern, die dank Botrytis (Edelfäule) besonders zucker- und extraktreich waren. Bei Nannoni in Paganico bei Niedrigtemperatur über Dampf gebrannt und über ein Jahr lang in Eichenholzfässern gelagert (42 %vol, 50 cl).
Reifes Gold, würzig-fruchtiger Duft mit merklichen Honigtönen, die sich am Gaumen intensivieren und einen samtigen Eindruck im Abgang hinterlassen.

Bonollo

Luigi Bonollo e Figli S.n.c.
Via Mosca, 5/7
41043 Formigine di Modena
Emilia Romagna

Weltweit größter Erzeuger von Tresterbränden, der in fünf Destillerien jährlich 47 Millionen Flaschen Branntweine erzeugt. Trotz dieser enormen Produktionsmenge ist Bonollo bei Winzern als Lohnbrennerei sehr beliebt, denn das Unternehmen bietet seinen qualitätsbewussten Kunden kurze Anlieferungswege – Bonollo besitzt neben Brennereien in Nord- und Süditalien auch in der Toskana eine Destillerie.

Dieser eher kleine Betrieb in Greve in Chianti wurde speziell auf die Bedürfnisse der Winzer ausgerichtet. Dank entsprechender technischer Ausrüstung hat der Winzer auch bei kleinsten Mengen Grappa die Wahl zwischen diskontinuierlicher Destillation im Wasserbad bzw. mit Dampf oder auch einer Kombination aus kontinuierlichem und diskontinuierlichem Brennvorgang. Selbst die Lagerung der Winzerbrände kann bei Bonollo stattfinden: Das Unternehmen verfügt über rostfreie Stahltanks mit einem Fassungsvermögen von 65 Millionen Litern und über Eichenfässer für 32 Millionen Liter. Seit 1990 entstand in der traditionell orientierten Brennerei in Greve in Chianti die Linie »Consenso« als Einstieg in das Edelsegment, wo man sich seither erfolgreich behaupten konnte.

Grappa Consenso Riserva (1990)

Aus den Chianti-Reben Sangiovese, Canaiolo und Malvasia zusammengestellter Mischsatz, der doppelt destilliert, zeitweilig in Fässern aus Akazien-, Eichen-, Kirsch- und Eschenholz ausgereift und nach der Lagerung gezielt zu dieser Cuvée zusammengestellt wurde (45 %vol, 50 cl).
Ein herbstlich-kühler Charakter mit angenehmer Nussigkeit und grasigen Zitrusnoten ist dieser Grappa zu Eigen. im Geschmack recht süß, aber rund und weich, zum Abgang hin wärmer werdend.

Grappa einmal nicht in kleinen Mengen – Lagerung im Holzfass.

Caparzo

Azienda Agricola Tenuta Caparzo
Località Torrenieri
53028 Montalcino
Toskana

Ein im Zuge der toskanischen Weinbaurenaissance durch den gezielten Aufkauf verschiedener Weinberge entstandenes Gut, das nach beträchtlichen Investitionen heute zu den bekannteren Weinproduzenten gehört. Das Land um das Gutshaus, die eigentliche Tenuta Caparzo, war schon in antiker Zeit besiedelt, auf historischen Landkarten findet sich der Name »Ca'Pazzo«, Haus des Narren, als Bezeichnung für das Gut. Caparzo umfasst heute 87 Hektar Weinberge, ein Großteil davon liegt innerhalb der Gemeinde Montalcino und ist mit Brunello bewachsen, der vom Mikroklima rund um das Gutshaus profitiert, von trockenen Sommern und reichlich Regen in Frühjahr und Herbst. Dank der intensiven Weiterentwicklung in Weinberg und Keller unter der Leitung des erfahrenen Weinbauberaters Vittorio Fiore entsteht hier neben den Standardqualitäten auch ein Lagen-Brunello, der zu den besten der Region ge-

Grappa di Brunello di Montalcino

Zweimal diskontinuierlich in kupfernen Dampf-Brennblasen destilliert (43 %vol, 70 cl).
Grappa mit intensivem Duft nach Erde, Pilzen, feuchtem Laub und anderen Herbstaromen, die durch feine Trockenfrucht-Anklänge Harmonie und Feinheit erhalten.

hört. Der Brunello di Montalcino La Casa wird nach längerer Maischegärung in Barriques ausgebaut und entwickelt so das kräftige Fruchtbukett, den gut strukturierten Körper und die lange Lagerfähigkeit, die große Rotweine auszeichnen. Im Barrique aus Allier-Holz reift auch die Cuvée Le Grance (aus Chardonnay, mit Zusätzen aus Sauvignon und Traminer), einer der von Vittorio Fiore so geschätzten wuchtigen, extraktreichen Weißweine, die ausgereift dem Ideal eines Montrachet recht nahe kommen können.

Mit der Destillation von Grappa di Fattoria hat man bei Caparzo schon lange Erfahrung und war daher bereit, an einem Winzer-Grappa-Projekt der Destillerie Brunello in Venetien mitzuwirken, wo die mit dem Most fermentierten Trester des Brunello und der Cuvée La Grance zu eleganten Spitzen-Grappe destilliert werden.

Chardonnay Le Grance

Nach zweifacher Destillation im Kupferbrennkessel lagert der Brand zwei Jahre in Barriques aus Allierholz, die schon zum Ausbau des Weines Le Grance genutzt wurden (43 %vol, 50 cl). Ausgewogene Grappa mit feiner Balance zwischen frischer Frucht (Limette, Beeren) und süßeren Holz-Taninnen (Vanille, Marzipan). Im Finish setzt sich zunächst der erfrischende Eindruck durch, bevor das Fundament aus dem Eichenfass nachklingt.

Capezzana

Tenuta di Capezzana
Località Seano
Via di Capezzana, 100
50040 Carmignano
Toskana

Ein Anwesen mit langer Geschichte, schon seit nahezu 1200 Jahren wird hier Weinbau betrieben. Heute befindet sich das Gut im Besitz der gräflichen Familie von Contini Bonacossi. In Zusammenarbeit mit dem Önologen Stefano Chioccioli setzt sich der Chef des Hauses, Conte Ugo, für die historische Tradition und aktuelle Bedeutung der Weine aus Carmignano ein, seit 1990 sind sie durch ihre eigene DOCG geschützt. Die nachweislich lange Geschichte des Cabernet-Sauvignon-Anbaus vor Ort (die Rebe wurde schon vor Jahrhunderten von einem Vorfahren aus Bordeaux eingeführt und hier ausgepflanzt) erlaubt es den Erzeugern in Carmignano, ihren Chianti völlig legal mit Cabernet abzurunden – eine wegweisende Regelung für den gesamten Chianti Classico.

Grappa di Capezzana Ghiaie della Furba

Aus den Trestern des roten Super-Toskaners Ghiaie della Furba bei Gioacchino Nannoni in Paganico destilliert (42 %vol, 50 cl).
Das konzentrierte, elegante Bukett dieser gelungenen Grappa wird durch feine Beerennoten über kraftvollem Kräutereindruck bestimmt. Runde, wohl ausgewogene Struktur.

Weitere Grappe: *Grappa di Vin Santo, Grappa Riserva*

Caprai

Val di Maggio A. Caprai
Località Torre
06036 Montefalco
Umbrien

Geschichte auf Schritt und Tritt: Rund um das kleine Weingut von Arnaldo Caprai liegen Weinberge, die schon Plinius der Ältere rühmte. Sie waren nachweislich bereits im 15. Jahrhundert durch strenge Gesetze geschützt und sind heute mit Sagrantino bepflanzt, der traditionellen Rebsorte der Region. Arnaldo und sein Sohn Marco keltern daraus den Sagrantino di Montefalco, eine regionale Weinspezialität, die dank der Bemühungen der ortsansässigen Winzer in den illustren Kanon der kontrollierten und garantierten Herkunftsbezeichnung DOCG aufgenommen wurde. Ein Plus an Qualität, das auch der Grappa Jahr für Jahr gut zu Gesicht steht.

Grappa Gran Riserva di Sagrantino

Aus den nur leicht gepressten und deshalb sehr feuchten Trestern der roten Sagrantino bei Bonollo in Modena diskontinuierlich gebrannt und in kleinen Eichenfässern gelagert (45 %vol, 50 cl). Strohblondes Destillat mit frischen Noten über reifer Frucht, im Mund konsequente Entwicklung von zart zu kraftvoll, langer Abgang.

Coltibuono

Badia a Coltibuono
Località Badia a Coltibuono
53013 Gaiole in Chianti
Toskana

Vor 1000 Jahren wurde das heutige Weingut Badia a Coltibuono als »Abtei der guten Ernte« gegründet, die Mönche des Klosters legten erfolgreich den Grundstock für den Weinbau in der Region Chianti zwischen Arno- und Arbia-Tal. Seit 150 Jahren ist die Abtei mit Weingut in Familienbesitz, derzeit leiten sie Gutschefin Emmanuela und ihr Bruder Piero Stucchi Prinetti, dessen Ehe mit der bekannten Kochbuchautorin Lorenza de Medici die alte Verbindung zu den einstigen Protektoratsherren des Gutes aus dem Geschlecht der Florentiner Medici-Herzöge wiederbelebte. In einer pittoresken Probierstube in der Abtei können die hervorragenden Weine sowie die schöne Grappa des Gutes vor Ort verkostet werden.

Grappa di Sangioveto (1998)

Aus den Trestern des IGT-Super-Toskaners Sangioveto des Jahrgangs 1998, der zu 100 % aus Sangiovese-Trauben gekeltert wurde. Bei Nannoni diskontinuierlich gebrannt und ein Jahr in Barriques aus Eichenholz gelagert, in denen zuvor der Sangioveto reifte (42 %vol, 50 cl).
Bernsteinfarbener Brand mit hellgelben Reflexen. Im Duft fruchtig (Birne, Pfirsich, etwas getrocknete Aprikose), bevor sich Sekundäraromen von Vanille und Gewürzen durchsetzen. Am Gaumen warm und fleischig, mit konsequenter Entwicklung der Verbindung Frucht-Gewürz.

Cusona

Guicciardini Strozzi
Fattoria di Cusona
Località Cusona, 5
53037 San Gimignano
Toskana

Erstmals im Jahre 994 erwähntes Weingut, das sich seit über 700 Jahren im Besitz des alten Geschlechts der Guicciardini befindet, die zu San Gimignano gehören wie die Geschlechtertürme, die Wahrzeichen der Stadt. Heutiger Inhaber ist Girolamo Principe Strozzi Conte Guicciardini, hauptberuflich Juraprofessor in Florenz, daneben aber Weinmacher mit Leib und Seele. Für den Principe ist die Fattoria mehr als nur sein Eigentum, sie ist Verpflichtung aus der Tradition und Ansporn für die Zukunft. Die starke Bindung, die ihn mit seinem Land verbindet, vor allem aber »der Respekt vor unserem Boden, der unsere Familie verpflichtete, nie aufzugeben und nie von hier fortzuziehen«, führte dazu, dass die Cusona-Weine einen besonderen Bezug zu ihrem Terroir besitzen. Ihre Qualität basiert auf der sorgfältigen, aufwendigen Pflege der Rebanlagen, nicht auf dem Einsatz von modernster Technologie, obwohl auch diese natürlich vorhanden ist. Konsequent auch die Grappa des Hauses aus dem Vernaccia di San Gimignano, den die Vorfahren des Prinzen hier schon vor Jahrhunderten angebaut haben.

Acquavite di Vernaccia

Destillat aus den Trestern des weißen Vernaccia di San Gimignano DOCG, das bei Nannoni diskontinuierlich gebrannt, harmonisiert und in eine zarte Kristallflasche abgefüllt wurde (42 %vol, 50 cl). Weiße, im Duft sehr florale Grappa mit feinem Kräuteraroma (Thymian, Rosmarin, Blüten) und leichtherzigem Körper, im Abgang durch zartbittere Noten akzentuiert.

Decugnano Dei Barbi

Azienda Agricola Decugnano Dei Barbi
Località Fossatello di Corbara, 50
05019 Orvieto
Umbrien

Claudio Barbi denkt gerne an die lange Tradition zurück, die den Weinbau auf seinem Land auszeichnet: Archäologische Funde lassen darauf schließen, dass hier schon die Etrusker Wein anbauten, im 13. Jahrhundert belegen Dokumente die Wertschätzung, die die zum Kirchenstaat gehörigen Weinberge unweit von Orvieto genossen. Eine mehr als zweitausendjährige Zeitspanne, die Respekt einfordert, wie der Winzer findet, Respekt vor der Natur und ihren Geschenken. Konsequent wird deshalb naturnah angebaut und auf Insektizide und Entlaubungsmittel verzichtet. Im Keller allerdings regiert modernste Technik, doch bei der Reife darf sich der Wein Zeit lassen und in den weitläufigen Gewölbekellern mit ihren konstanten Temperaturen gemächlich seinem Höhepunkt entgegenschlummern.

Grappa Decugnano dei Barbi

Brand aus dem Mischsatz der Gutstrester, bei Bonollo in Formigine diskontinuierlich gebrannt (45 %vol, 70 cl).
Frische Grappa Bianca mit floralen Anklängen in der fruchtigen Nase. Im Munde reif und saftig bei mittelschwerem Körper.

Fanti

Azienda Agricola San Filippo
Frazione Castelnuovo Abate,
Via Borgo di Mezzo, 16
53020 Montalcino
Toskana

Baldassare Filippo Fanti ließ sich nie beirren: Er glaubte und glaubt noch immer an die Zeitlosigkeit des Brunello di Montalcino und stimmte deshalb nicht ein in den Chor der Modernisierer, die den großen Klassiker der Toskana während der leichten Flaute der letzten Jahre schon abschrieben und durch neue Super-Toskaner ersetzen wollten. Die Fakten geben ihm recht: Sein Brunello di Montalcino, vor allem die Riserva-Qualitäten, werden heute wieder als absolute Spitzenweine anerkannt. Aus den mit dem Wein vergorenen Trestern lässt Baldassare Fanti Grappa in Kleinstmengen destillieren – mehr als Hobby, das er aber genauso wie die Produktion eines vorzüglichen Olivenöls so ernst nimmt wie seine Weine: Symbole der großen Tradition Montalcinos auch sie!

Grappa di Brunello di Montalcino

Doppelt diskontinuierlich bei Bonollo in Formigine destillierte Grappa di Fattoria, sechs Monate im Edelstahltank ausgereift (42 %vol, 70 cl). Elegante, beschwingte Grappa mit sommerlichem Duft nach Blüten und Heu, mittelschwer mit fein strukturiertem Körper.

Fassati

Fassati di Fazi-Battaglia S.p.A.
Gracchiano di Montepulciano
53046 Pieve di Sinalunga
Toskana

Dieses 1913 gegründete Weinhandelshaus erwarb sich früh einen guten Ruf für die Erzeugung und Vermarktung des Qualitätsweins Vino Nobile di Montepulciano. Die 1969 erfolgte Fusion mit dem dynamischen Weinhaus Fazi-Battaglia eröffnete internationale Kontakte und damit den Fassati-Weinen die Bühne für einen weltweiten Auftritt. Die klassifizierten Weinberge von Fassati befinden sich in bester Hügellage bei Montepulciano. Folgerichtig setzt das Haus auf den Ausbau von Vini Nobile bestimmter Lagen, um die chemophysischen und sensorischen Charakteristika der einzelnen Rebhänge zu bewahren. Aus den Trestern des Vino Nobile entstehen die beiden Grappa-Varianten des Hauses.

Grappa Nobile Stravecchia

Nach der doppelt diskontinuierlichen Destillation und der vorgeschriebenen Lagerung im Edelstahltank bei Bonollo in Formigine reift diese Grappa weitere zwölf Monate in Barriques aus slowenischer Eiche (45 %vol, mundgeblasene 50 cl-Flasche aus Florentiner Werkstatt).
Goldgrüne Farbe, klarer harmonischer Geschmack mit gut integrierten Tanninen, feines Haselnussaroma und angenehme Traubigkeit bis ins Finish.

Fazi-Battaglia

Fazi-Battaglia S.p.A.
Via Roma, 117
60032 Castelplanio
Marken

Eines der ersten Weinhäuser Italiens, das den Wert von gezieltem Marketing und formschönem Design für den Erfolg seiner Produkte erkannte. Bereits 1953 wurde in einem Designwettbewerb die heute klassische »anfora«-Flasche gefunden – eine von antiken Amphoren inspirierte Bottiglia, die mittlerweile zum Symbol der Verdicchio-Weine aus Castelli di Jesi, Matelica und Serrapetrona wurde. Heute besitzt das Haus 280 Hektar Weinberge, in denen neben Verdicchio auch andere Weine mit kontrollierter Herkunftsbezeichnung angebaut werden. Der Ankauf des alteingesessenen Weinhauses Fassati in Chianti und zweier weiterer Top-Güter in der Toskana vergrößerte das Portfolio von Fazi-Battaglia um Chianti Classico, Orvieto Classico, vor allem aber um Vini Nobile di Montepulciano. Die Grappe des Hauses entstehen aus den Trestern des Verdicchio vom eigenen Weinbergbesitz in Castelli di Jesi – sie werden »weich«, d.h. nur sanft gekeltert, um den Rebrückständen die nötige Feuchtigkeit zu bewahren, die für die spätere Weichheit des Destillats verantwortlich ist.

Grappa di Verdicchio Stravecchia

Diskontinuierlich im Dampf-Alambic bei der Distilleria Aquileia von Francesco Comar gebrannt und nach halbjähriger Lagerung im Edelstahltank für ein weiteres Jahr in Barriques aus slowenischer Eiche gelagert. Mit 44 %vol in eine zierliche Variante der Verdicchio-Flasche aus Florentiner Glas abgefüllt (50 cl).

Einschmeichelnde Charakter-Grappa mit feinwürzigem Bukett, das nach und nach immer neue Herbstaspekte (saftige Trauben, feuchte Erdigkeit, getrocknete Kräuter, Pilze) entwickelt, bevor es mit einer zarten Gewürznote endet.

Felsina

Fattoria di Felsina
Via Nationale Chiantigiana, km 484
53019 Castelnuovo Berardenga
Toskana

Große Investitionen und der persönliche Einsatz von Inhaber Domenico Poggiali, seinem Schwager und Geschäftsführer Giuseppe Mazzocolin und Kellermeister Franco Bernabei haben seit 1964 dazu geführt, dass die Fattoria unangefochten einen Platz unter den Spitzenweingütern Italiens einnimmt. Die steinigen, stark mit Kalk durchsetzten Böden, das einzigartige Mikroklima und die vom Önologen-Team für jeden Wein speziell entwickelten Ausbaumethoden erbringen Weine mit ganz eigenständigem Charakter, ganz eigener Kragenweite. Bemerkenswert etwa der früh gelesene, frische Chardonnay Sistri und sein blumigerer, runderer Bruder Isis aus spät gelesenen, aber gesunden Trauben oder der edelsüße Vin Santo, vor allem aber die Chianti Classico Riservas und der Fontalloro – ein reintöniger Sangiovese. Aus den Trestern des Fontalloro wird ebenso wie aus dem Berardenga Jahrgangs-Grappa destilliert.

Berardenga Grappa di Sangiovese (1998)

Sortenreine Grappa aus Sangiovese-Trestern des Berardenga 1998, bei Comar in Aquileia mit Dampf im klassischen Alambic destilliert (40 %vol, 70 cl). Markant-würziges Destillat mit sortentypischem Duft, der durch Gewürze, Bouquet Garni und Beeren bestimmt ist. Am Gaumen cremig mit leichten Nusseindrücken und langem, süßer werdenden Abgang.

Frescobaldi · Castelgiocondo

Tenuta di Castelgiocondo
Località Castelgiocondo
53024 Montalcino
Toskana

Schon seit nahezu 700 Jahren befindet sich das Weingut in Montalcino im Süden der Toskana im Besitz der Markgrafen von Frescobaldi. Über die Jahre, Jahrzehnte und Jahrhunderte kam Weinberg um Weinberg hinzu, heute sind es 814 Hektar Landbesitz, auf denen 240 Hektar mit Wein bestockt sind, davon allein 151 Hektar Rebanlagen, die in dieser ansonsten von kleineren Weingütern geprägten Landschaft für den Brunello di Montalcino reserviert sind. Hauptsächlich wächst hier die klassische Traube des Brunello, die Sangiovese Grosso. Seit längerem wird aber auch sehr erfolgreich mit Cabernet Sauvignon und Merlot gearbeitet, aus denen die feingliedrigen Super-Toskaner-Cuvées entstehen, für die sich die Weinregion Toskana international einen guten Namen gemacht hat. Die Grappa des Hause entsteht aus den Trestern des Brunello di Montalcino.

Grappa di Brunello di Montalcino

Diskontinuierlich bei Bonollo in Greve in Chianti aus den mit dem Wein vergorenen Trestern des Brunello di Montalcino destilliert (45 %vol, 70 cl). Gefällige, klassische Grappa, die zarte Blütenaromen mit merklicher Frucht vereint, ausgewogen und von guter Länge.

Frescobaldi · Mondavi

Luce
Località Castelgiocondo
53024 Montalcino
Toskana

Im Jahre 1995 als Joint Venture der Marchesi di Frescobaldi mit dem kalifornischen Weinbaupionier Robert Mondavi gegründete Kellerei im toskanischen Montalcino. In der modernen, unweit des Frescobaldi-Gutes Castelgiocondo gelegenen Cantina werden die beiden IGT-Super-Toskaner Luce und Lucente gekeltert, die im Gegensatz zu anfänglichen Befürchtungen nicht auf den Geschmack des internationalen Publikums hin weichgespült werden, sondern im Gegenteil ein eigenständiges Profil mit deutlichen Terroir-Akzenten aufweisen. Für die Grappa Luce haben sich Lamberto Frescobaldi und Tim Mondavi den Meisterdestillateur Jacopo Poli ins Boot geholt, der schon bei der Grappa des Sassicaia sein Talent bewiesen hat, aus den Trestern eines charaktervollen Weines eine merklich verwandte, elegante Grappa zu destillieren.

Grappa Luce

Aus den Trestern der Sangiovese-Merlot-Cuvée Luce direkt nach dem Abstich bei Jacopo Poli in diskontinuierlich arbeitenden Kupferalambics mit Dampfbefeuerung gebrannt und ein Jahr harmonisiert (40 %vol, 50 cl).
Aromaintensive Grappa mit kraftvollen Fruchtaromen (Kirsche!) über feinen Kräuteraspekten, am Gaumen samtweich, dabei intensiv bis in den sehr langen Nachhall.

Gabbiano

Castello di Gabbiano
Via di Gabbiano, 22
50024 Mercatale di Val di Pesa
Toskana

Auf den ersten Blick ein typisches toskanisches Landgut: im späten Mittelalter zum Schutz vor marodierenden Soldaten zum Castello ausgebaut, im Besitz nobler Familien, aber lange Zeit ohne Renommee für seine seit Jahrhunderten erzeugten Chianti-Weine. Das änderte sich, als der Mailänder Pharmazeut und Neu-Winzer Rino Arcaini das zwischen Florenz und Greve gelegene Castello erwarb, den Gärkeller modernisierte, Stahltanks anschaffte und mit selbst entwickelter Technik versah, dazu Barriques in Frankreich orderte. Die neuen und schnell zu Shootingstars avancierten Weine wurden nach den Töchtern Ariella und Ania benannt. Eine Erfolgsstory, die erst endete, als der internationale Weinkonzern Berlinger Blass das Gut übernahm. Wirklich? Der neue Manager Ivano Reali zumindest ist fest entschlossen, den »Kontakt mit der Natur, der Erde und der Zeit« zu suchen, dem »Rhythmus des toskanischen Weines« zu folgen. Beim Grappa blieb tatsächlich alles beim Alten: Die wunderschöne Grappa di Ania wird nach wie vor, ebenso wie die neue Grappa di Chianti Classico, in der Distillerie Artigiana von Gioacchino Nannoni in Paganico destilliert.

Grappa di Ania

Diskontinuierlich bei Nannoni destillierter Brand, der nach der halbjährigen Lagerung im Edelstahlbehälter Zeit zum Ausreifen im Eichenfass bekommt (42 %vol, 50 cl).
Spezereienduft und Herbstaromen – die ideale Grappa für die ersten kalten Abende des Jahres. Tiefgolden mit würzigem Duft nach Trockenfrüchten, harmonisch rund und weich.

Garofoli

Casa Vinicola Garofoli
Via Arno, 9
60025 Loreto
Marken

Vor 100 Jahren entschloss sich der Nebenerwerbswinzer Gioacchino Garofoli, seine Leidenschaft für das Weinmachen in einen Vollzeitberuf umzuwandeln. Heute folgen seine Ururenkel Franco, Dante, Gianfranco und Carlo seinen Spuren, wobei Carlo als Önologe für die Handschrift des seit langem für seine klar strukturierten Weine bekannten Gutes verantwortlich zeichnet. Die wuchtigen, dabei aber feinfruchtigen Rotweine, die am Fuße des Monte Conero wachsen, werden lagenweise zu DOC-Weinen ausgebaut, daneben wird Verdicchio dei Castelli di Jesi produziert, aus dessen Trauben auch ein Spumante Brut mit feiner Frucht und zart perlendem Mousseux entsteht.

Grappa di Rosso Conero

In limitierter Auflage aus den durch die Rebsorte Montepulciano geprägten Trestern des Rosso Conero DOC bei Rovero diskontinuierlich gebrannt und im Eichenfass ausgereift (43 %vol, 70 cl). Amberfarbenes Destillat mit rotgoldenen Reflexen, im Duft von merklichen Nuss-Vanille-Akzenten geprägt, mittelschwer mit elegantem Nachhall.

Grevepesa

Castelli del Grevepesa
Via Grevigiana, 34
50024 Casciano in Val di Pesa
Toskana

Ungewöhnlich, wenn eine der oft unterschätzten Genossenschaften internationales Renommee genießt, zu den besten Weinerzeugern der an Top-Gütern reichen Toskana gezählt wird und auch noch zu den Schrittmachern in Richtung streng kontrollierter Qualität gehört. Die 165 Winzer des Chianti-Classico-Gebiets beugen sich seit Jahren willig strengsten Kontrollen im eigenen Weinberg und bei der Anlieferung des Traubenguts. Der Erfolg gibt den Genossen recht: auf 650 Hektar DOCG-Lagen erzeugen sie im Schnitt 1,5 Millionen Flaschen erstklassigen Jahrgangs-Chianti-Classico, wobei der Kellermeister großen Wert auf feste, aber feine Struktur der Rotweine und intensive Fruchtfülle im Bukett legt. Aromareichtum findet sich auch beim Vin Santo, einer Dessertwein-Rarität aus Malvasia-Trauben, die von der Weinlese bis in den Winter hinein auf Strohmatten getrocknet werden und im Most, für Wein wie Tresterbrand, eine hochgradige Extraktkonzentration aufbauen. Seit 1991 wird neben der Grappa Aqua Ardens auch Jahrgangs-Grappa Millesimata gebrannt.

Aqua Ardens Grappa di Vin Santo

Doppelt diskontinuierlich gebrannt und in den kleinen, für Vin Santo typischen »Caratelli«-Fässern gereift (42 %vol, 50 cl). Gewürzbetonter Brand mit vollständigem Bukett: Aprikose, Backapfel, Vanille, etwas Anis, dazu Trockenfrüchte. Ausgewogen und auf der Zunge auffrischend.

La Poderina

Tenuta La Poderina
Località Poderina
Frazione Castelnuovo Abate
53020 Montalcino
Toskana

Die mitten in den Weinbergen von Montalcino gelegene Tenuta ist vor allem für exzellenten Brunello di Montalcino bekannt. Liebhaber eigenwilligerer Tropfen werfen den Weinen des zur Firmengruppe Sai Agricola gehörenden Weinguts zwar gelegentlich vor, das Aromaprofil der hier produzierten Weine sei durch den gekonnten Einsatz moderner Kellertechnologie stromlinienförmig auf die Erwartungen eines internationalen Publikums zugeschnitten. Nichtsdestotrotz gefallen die kernigen Produkte dank ihres ansprechenden Buketts und ihrer wohl integrierten Tannine. Neben Brunello in verschiedenen Altersstufen wird auch der Moscadello di Montalcino DOC, die toskanische Version der Muskatellerweine, an- und ausgebaut.

Grappa di Brunello di Montalcino

Aus den Sangiovese-Trestern des Brunello di Montalcino bei Bonollo in Formigine destillierte Grappa, nach traditioneller Art doppelt im Alambic gebrannt und im Edelstahlgebinde harmonisiert (42 %vol, 50 cl).
Eleganter Brand mit kräuterfrischem Duft nach Aprikosen und Pfirsichen. Der weiche und harmonische Geschmack steigert sich zu einem kraftvollen Abgang.

La Ripa

Fattoria La Ripa
Località San Donato in Poggio
50028 Tavarnelle Val di Pesa
Toskana

Zwischen Florenz und Siena in der Chianti-Classico-Anbauzone gelegenes Qualitätsweingut mit 14 Hektar Weinbergbesitz, der sich auf Lagen im Dreieck Greve, Radda und Castellina in Chianti verteilt. Im 15. Jahrhundert gehörte das Gut Antonio Gherardini, dem Vater von Leonardos Mona Lisa La Gioconda, die hier vermutlich aufwuchs. Heute keltert Önologe Marco Chellini neben Chianti Classico in verschiedenen Altersstufen vor allem den IGT-Wein Santa Brigida aus Sangiovese und Cabernet Sauvignon sowie die weiße Cuvée Tiratari. Neben Wein entstehen in dem imposanten Gut mit Agritourismus, dessen Ursprünge bis ins 10. Jahrhundert zurückreichen, auch Olivenöl und Grappa, wobei die Grappa von La Ripa aus den Trestern des Santa Brigida destilliert wird.

Santa Brigida Grappa di Chianti Classico Riserva

Aus 70 % Sangiovese-, 10 % Canaiolo- und 20 % Cabernet-Sauvignon-Trestern, die mit dem Santa Brigida-Wein vergoren werden. Hefefrei diskontinuierlich gebrannt und drei Jahre in Eichenfässern gereift (43 %vol, 50 cl).
Strohblond mit goldenen Lichtern, im Duft weinig-fruchtig mit merklichen Sekundäraromen aus dem Holz. Am Gaumen eher trocken und holzbetont, bis sich zum Ende wieder eine merkliche Traubigkeit durchsetzt.

Le Filigare

Fattoria Le Filigare
Località San Donato in Poggio
Via Sicella, 37
50021 Barberino Val d'Elsa
Toskana

In einer alten Villa in den Hügeln des Elsa-Tales gelegenes Weingut, aus dem vor allem wuchtige, samtig-weiche Rotweine stammen. Der Name »Le Filigare« leitet sich von der toskanischen Bezeichnung des alten Brauches ab, das hoch gelegene Herrenhaus mit Fackeln (»fiaccola«) zu beleuchten, um die Nachbarn zu einem rauschenden Fest zu laden. Heute haben Besitzer Carlo Burchi und sein Önologe Dr. Luciano Bandini gut lachen, ihre Weine werden nicht nur in der Toskana, sondern in der gesamten Weinwelt hoch geschätzt. Hauptsächlich wird Chianti Classico DOCG erzeugt, daneben entsteht die Tafelwein-Cuvée Podere Le Rocce aus 65 Prozent Sangiovese und 35 Prozent Cabernet Sauvignon und Vin Santo, dessen Trester ebenso wie die des Chianti Classico zu Grappa destilliert werden.

Grappa Le Filigare

Bei Nannoni in Paganico doppelt diskontinuierlich destillierte Grappa des Chianti Classico aus 100 % Sangiovese (43 %vol, 50 cl).
Intensiver Blütenduft und reifer Fruchtcharakter zeichnen diese Grappa aus, die am Gaumen runde Weinigkeit zeigt, bevor zarte Gewürznoten hinzutreten.

Le Pupille

Fattoria Le Pupille
Località Pereta
58051 Magliano in Toscana
Toskana

In pittoresker Hügellandschaft an den Ausläufern der Maremma unweit Grossetos gelegenes Weingut der überzeugenden Winzerin Elisabetta Geppetti. Massive Investitionen in Weingut und Weinberge haben die Fattoria Le Pupille in den letzten Jahren an die toskanische Spitze gebracht – dort überzeugen Weine wie die weißen Poggio Argentato und Solalto sowie die roten Poggio Valente und Saffredi. Auch die lokale DOC-Spezialität Morellino di Scansano kam wieder zu aktuellen Ehren. Der Wein wird überwiegend aus Sangiovese mit kleinen Anteilen Ciliegiolo, Canaiolo und Alicante gekeltert, aus den Trestern entsteht die Grappa delle Pupille.

Grappa delle Pupille

Im Piemont von der Distilleria Astigiana von Franco Barbero in Mombercelli diskontinuierlich mit Dampf gebrannte Grappa aus den typisch toskanischen Morellino-di-Scansano-Trestern (42 %vol, 70 cl).
Schönes Destillat mit komplexem Aroma von Früchten, Blüten und Honig. Saftige Geschmacksfülle und lebhafter werdender Abgang.

Lungarotti

Cantine Lungarotti
Via Mario Angeloni, 16
06089 Torgiano
Umbrien

Giorgio Lungarotti war ein Mann mit Visionen und einer der besten Weinbauexperten Italiens. Seine Ideen und das Vorbild seiner modernen Kellerei haben den Weinbau in Torgiano, ja in ganz Umbrien, verändert. Den Weg hin zu sehr genau kontrollierten und garantierten Herkunftsbezeichnungen hat der Önologe mit geebnet und seiner Heimat, die zwar geschichtlich bedeutsam war, im Weinbau des 20. Jahrhunderts aber merklich zurückgeblieben war, zu neuer Geltung verholfen. Sein Lebenswerk wird kompetent und engagiert von den Töchtern Chiara Lungarotti und Teresa Severini fortgesetzt, die die Ideen des Vaters weiterentwickeln und sich nicht nur im DOC-Bereich, sondern vor allem mit ihren IGT-Cuvées bereits einen eigenen Namen gemacht haben. Bei der Grappa allerdings setzen die beiden Weinmacherinnen auf Tradition – wofür der Fan an dieser Stelle seinen Dank ausspricht!

Grappa di Rubesco

Mit dem Most vergorener Trestermischsatz aus Canaiolo und Sangiovese der Region Torgiano, der nach dem Abstich bei Bonollo diskontinuierlich gebrannt wurde. Nach vorgeschriebener Lagerung mit 45 %vol in 70-cl-Flaschen abgefüllt; das Etikett schmückt ein Gemälde des Barockmalers Salvator Rosa (1615–1673).

Immer noch eine der schönsten Grappe der maskulin-würzigen Richtung. Das Aroma gefällt durch seine Vielschichtigkeit, die sich wellenartig nach und nach erschließt. Im Munde sanft, aber nachdrücklich mit leichten Bittertönen und aromatischem Nachhall.

Mastroianni

Azienda Agraria Mastroianni
Poderi Loreto San Pio,
Castelnuovo dell'Abate
53024 Montalcino
Toskana

Antonio Mastroianni hat sein Weingut seit dem Kauf der verfallenen Fattoria im Jahre 1975 mit eigenen Händen aufgebaut – er war, wie er sagt, »der Poesie der Aromen, der Stärke seines Körpers und der Ausdruckskraft der Farben« seines Weines verfallen. Sein Wein, das ist natürlich der Brunello di Montalcino und Antonio Mastroianni ist einer der wenigen Weinmacher, der im Boom der letzten Jahre nicht sein Ziel aus den Augen verloren hat: wirklich große Weine keltern. Sorgfältige Rebpflege, bewusst eingesetzte Kellertechnik, vor allem aber eine eigenständige Vorstellung vom Brunello und seinem jüngeren Bruder Rosso di Montalcino bringen charaktervollen Kreszenzen auf hohem Niveau hervor, die in guten Jahren sehr lange la-gerfähig sind. Von Anfang an gehörte die Destillation von Grappa zu Antonios Erlebniswelt, zu den bäuerlichen Traditionen, die bei ihm »tiefes, emotionales Empfinden« auslösen. Man schmeckt's!

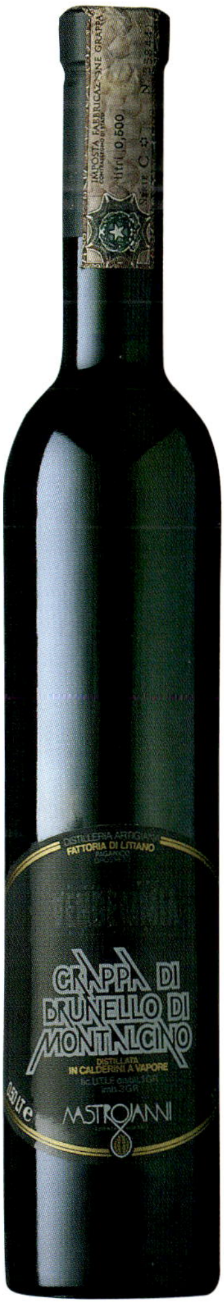

Grappa di Brunello di Montalcino

Tresterdestillat aus der Sangiovese des Brunello di Montalcino, direkt nach dem Abstich werden die noch feuchten Treber bei Nannoni in kleinen Brennblasen diskontinuierlich mit Dampf destilliert und im Holzfass ausgereift (43 %vol, 50 cl). Leuchtende Bernsteinfarbe und versammeltes Gewürzaroma mit gut integrierten Holznoten machen Lust auf den ersten Schluck, der hält, was er versprach: kraftvoll-weiniger Körper und üppige Fruchtfülle.

Ornellaia

Tenuta dell'Ornellaia
Via Bolgherese, 191
57020 Bolgheri
Toskana

Die toskanische Maremma, nahe dem Tyrrhenischen Meer, hat eine ausgesprochen junge Weinbautradition. Erst seit Mitte der 1970er Jahre wird hier konsequent die Macchia gerodet, um Platz für Weinberge zu schaffen. Einer der ersten, die im großen Maßstab investierten, war Marchese Lodovico Antinori, der seine Vision vom Rotwein auf dem von der Mutter geerbten Landsitz Ornellaia umsetzte. Cabernet, Merlot, Semillion und Sauvignon blanc wurde gepflanzt, eine hypermoderne Cantina aus dem Boden gestampft und mit André Tchelistcheff einer der besten Önologen Kaliforniens als Berater verpflichtet. Der rege Kontakt mit Kalifornien führte dazu, dass Robert Mondavi 1999 eine Minderheitsbeteiligung an Ornellaia erwarb. Seit 2002 gehört Ornellaia ganz zu Mondavi und wird von diesem in das Joint Venture mit Frescobaldi eingebracht. Während Lodovico Antinori zusammen mit Bruder Piero ein neues Weingut in der Region aufbaut, setzt Mondavi auf Kontinuität: Nach wie vor werden die Klassiker von Ornellaia wie die gleichnamige Cuvée aus 80 Prozent Cabernet und 20 Prozent Merlot gekeltert, auch die roten Masseto, Serre Nuove und Le Volte sowie der weiße Poggio alle Gazze sind nach wie vor von hoher Qualität. Bei der Grappa-Erzeugung beschränkt man sich vorerst auf eine schlicht Grappa Ornellaia genannte, fassgereifte Qualität, die eleganten Grappe di Merlot und di Cabernet Sauvignon sind aber noch im Handel erhältlich.

Grappa Ornellaia

Nannoni-Destillat aus den bewusst nur leicht gepressten, sehr saftigen Trestern der Tenuta; diskontinuierlich gebrannt und in Barriques bis zur völligen Reife gelagert (42 %vol, 50 cl). Komplexes Destillat, das die Sonne eingefangen hat: kräftiger Duft nach reifem Obst und Vanille, gebrannten Mandeln, Marzipan, finessenreicher Körper mit merklicher, aber gut integrierter Holznote.

Poggio Antico

Fattoria Poggio Antico
Località Poggio Antico
53024 Montalcino
Toskana

Qualitätsbewusstes Weingut im Zentrum des Brunello-Anbaus, das seit 1984 der Industriellenfamilie Gloder gehört. Seit einigen Jahren wird das Gut von Tochter Paola gemanagt, die dafür ihre Karriere auf dem Börsenparkett aufgab und ihre Erfahrung mit Erfolg versprechenden Investments lieber in den Ausbau ihres Besitzes steckte. Sie steigerte die Weinbergfläche von 30 auf 78 Hektar, erweiterte die supermoderne Kellerei und widmet sich auch den Olivenhainen, die das Gutsgebäude umgeben – das hier produzierte Öl gehört zu den besten Winzerölen der Toskana. Besonders wichtig aber sind ihr die ausgedehnten Lagermöglichkeiten, die drei Reifekeller ermöglichen: Künftig sollen verstärkt Riserva-Qualitäten des Brunello und des Rosso di Montalcino erzeugt werden. Für die Grappa des Weinguts werden die Trester des Brunello genutzt, die mit dem Wein vergoren wurden.

Grappa di Brunello

Vom für seine handwerkliche Qualität gerühmten Brenner Nannoni gebrannt und in der Destillerie bis zur Abfüllung gelagert (42 %vol, 70 cl). Frisches, nussig-grasiges Herbstaroma (Pflaumen, Aprikosen, etwas Bittermandel), dabei weich, reich und ausgewogen.

Poggio Scalette

Podere Poggio Scalette
Località Ruffoli, Via Barbiano, 7
50022 Greve in Chianti
Toskana

Wenn er auf seine vor kurzem beendete Karriere als Önologe und Weinbauberater zurückblickt, kann Vittorio Fiore stolz sein. Zahlreiche große Namen der italienischen Weinwelt haben ihm ihren Einstieg in die Spitzenklasse zu verdanken, bevor er sie, flügge geworden, in die Selbständigkeit entließ. Seit dem Eintritt in den legendären Unruhestand als Pensionär kümmert sich der Magier des Weinbaus bevorzugt um sein eigenes Weingut Poggio Scalette im Ruffoli-Gebiet der Chianti-Classico-Anbauzone. Hier erzeugt er seinen Super-Toskaner Il Carbonaione aus 100 Prozent Sangiovese, der dem Gambero Rosso schon mehr als einmal seine Höchstprämie Tre Bicchieri wert war. Ein Wein, der nach Meinung des Gambero Rosso »drei entscheidende Faktoren auf einen formvollendeten Nenner bringt: die Merkmale einer einzigartigen Anbauzone, wie sie Ruffoli verkörpert, die Eigenheiten der toskanischen Traditionsrebe Sangiovese und schließlich die Technik, die der Meister souverän nutzt«.

Grappa di Carbonaione

Sortenreine Grappa aus Sangiovese-Trestern, die mit dem Carbonaione vergoren wurden, bei Nannoni in Paganico diskontinuierlich gebrannt und harmonisiert (42 %vol, 50 cl).
Fülle und Harmonie sind die Schlüsselworte zu dieser Grappa: weiches, präsentes Fruchtaroma mit ausgeprägter Weinigkeit, das sich auf der Zunge konsequent erweitert und schließlich in einer warmen Welle ausklingt. Gelungen!

Ricasoli

Barone Ricasoli
Cantine del Castello di Brolio
53013 Gaiole in Chianti
Toskana

Noch vor 10 Jahren wurde geunkt, dass das renommierte, bereits im Jahre 1141 gegründete Weingut der Adelsfamilie Ricasoli vor dem Ruin stehe. Das konnten Francesco Ricasoli und sein Team nicht auf sich sitzen lassen. Mit Elan und Geschick bewiesen die Toskaner, dass es nicht immer kostspieliger Investitionen bedarf, um ein Weingut zu reformieren, gelegentlich hilft auch Überlegung und guter Wille. Und zwar so gut, dass der Gambero Rosso von »überdurchschnittlichem Niveau« spricht und bereitwillig Tre-Bicchieri-Auszeichnungen an die Weine von Ricasoli vergibt – etwa für den klassischen Chianti vom Castello di Brolio oder für den Super-Toskaner mit IGT-Bezeichnung Casalferro aus Sangiovese, Cabernet und Merlot.

Grappa Casalferro (2000)

Aus dem Merlot-, Cabernet- und Sangiovese-Trestermischsatz der Cuvée Casalferro, in der Destillerie Giovi von Giovanni Lo Fausci auf Sizilien doppelt diskontinuierlich in limitierter Auflage von 2000 Flaschen gebrannt, harmonisiert und abgefüllt (45 %vol, 50 cl).
Kristallklare Grappa mit sommerlichem Fruchtbukett (Zwetschge/Mirabelle), harmonischer Körperstruktur und mittellangem, auffrischendem Abgang.

San Felice

Agricola San Felice Spa
Località San Felice
53010 Castelnuove Berardenga
Toskana

Eines der größten Weingüter der Toskana: Mehr als 200 Hektar in verschiedenen Anbauzonen sind mit Reben bestockt und liefern die Basis für die DOC- und DOCG-Weine, zu denen sich einige Super-Toskaner mit der Herkunftsbezeichnung IGT wie der rote Vigorello aus Sangiovese und Cabernet Sauvignon oder der weiße Ancherona aus Chardonnay gesellen. Trotz der Größe und des Renommees des Weinguts ist man gastfreundlich und unter der Woche auf angemeldete Besucher eingestellt, die im freundlichen Probierraum nicht nur die Weine, sondern auch die Grappa San Felice kosten können.

Grappa San Felice

Grappa Bianca, aus den mit dem Wein vergorenen, sehr feuchten Trestern der Chianti-Classico-Cuvée in der noch handwerklich arbeitenden Destillerie von Bruno Francheschini in Cavaion destilliert (42 %vol, 70 cl).
Ein edles Acquavite mit feinem Duft nach wilden Beeren und Gewürzen, die im Geschmack tiefer und runder werden bis in den mittellangen Abgang.

San Guido

Tenuta San Guido
Località Capanne, 27
57020 Bolgheri
Toskana

Die bereits unmittelbar nach dem Zweiten Weltkrieg von Marchese Mario Incisa della Rocchetta gegründete Tenuta San Guido gehört zu den berühmtesten Weingütern Italiens. Als Liebhaber edler Bordeaux fühlte sich der Marchese durch die Böden seines Landsitzes an das Bordelais erinnert und nannte seine Weine nach der AOC Graves: Das italienische Sassicaia bedeutet wie das französische Graves Kies bzw. Kiesgrund.

Heute gehört die hier erzeugte Rotwein-Cuvée Sassicaia aus 85 Prozent Cabernet Sauvignon und 15 Prozent Cabernet Franc zu den Kultweinen der Welt und erhielt als einziger Wein den DOC-Status für die im Exklusivbesitz der Incisa befindlichen Weinberglagen von Castiglioncello, Sassicaia und Alanova. Mit dem Grappa-Boom kam auch die Grappa di Sassicaia, deren Trester seit langem bei Jacopo Poli in besten Händen sind.

Grappa da Vinacce di Sassicaia

Grappa aus den Trestern der Rotwein-Cuvée Sassicaia, diskontinuierlich im Dampf-Alambic destilliert und anschließend in Barriques gelagert (40 %vol, 50cl).
Amberfarbenes Destillat mit tiefgoldenen Reflexen und intensiver Gewürznase, in die sich feine mediterrane Kräutertöne mischen. Komplexe Entwicklung, für die man sich Zeit nehmen sollte. Anhaltender Abgang.

San Michele

Podere San Michele
Harald L. Bremer
Via della Beccaccia, 1
58043 Castiglione della Pescaia
Toskana

Weinfreund, Weinhändler, Glasdesigner – für das Braunschweiger Multitalent Harald Bremer war es nur konsequent, auch noch Winzer zu werden. Das ist er nun seit vielen Jahren und bis heute scheint es nicht so, als wäre seine Begeisterung für das Landleben und die Bereitschaft zur harten Arbeit, die mit einem Weingut verbunden ist, im Abklingen. Im Gegenteil – man hat eher den Eindruck, als hätte die Berührung mit den Realitäten des Weinmachens seinen Blick für das Wesentliche geschärft: Aktiv setzt er sich gegen Etikettenschwindel und für erstklassiges Olivenöl ein, wirbelt die Wein-Szene mit immer neuen Entdeckungen durcheinander und widmet sich auch dem Thema Grappa mit viel Engagement. Für Bremer liegt die Zukunft in der »Grappa di Fattoria«, die ihren Wein, ihre Heimat, ihre Herkunft spiegelt – und dazu die Handschrift eines Meisterdestillateurs trägt. Konsequent lässt er die Trester der Cuvée Vetluna seiner Podere San Michele bei Gioacchino Nannoni im nur eine halbe Stunde entfernten Paganico brennen. Neben dieser Grappa delle Vinacce del Vetluna entsteht auch eine sortenreine Grappa di Cabernet Sauvignon, die bei Giovanni Lo Fauscis sizilianischer Destillerie Giovi gebrannt wird.

Grappa delle Vinacce di Vetluna

Großzügigkeit führt zu guten Ergebnissen. Die kaum gepressten Trester des Vetluna enthalten noch viel Wein und auch unvergorenen, süßen Traubensaft. Daraus destilliert Gioacchino Nannoni diskontinuierlich im kleinen Kupferalambic eine Grappa, die Zeit zum Reifen bekommt (47 %vol, 70 cl).
Ein schon heute bezaubernder Brand, der sich noch entwickeln kann (Grappe gehören dank ihres Reichtums an ätherischen Ölen zu den Destillaten, die in der Flasche dazugewinnen können). Feine Blüten und kraftvolle Frucht verbinden sich zu einem ausgesprochen schönen Aroma voller Komplexität.

San Vito

Tenuta San Vito in Fior di Selva
Via San Vito, 32
50056 Montelupo Fiorentino
Toskana

Familienweingut in den Florentinischen Hügeln der Toskana mit 38 Hektar Weinbergbesitz. Inhaber Roberto Drighi und seine Tochter Laura, die den Betrieb leitet, haben sich dem biologischen Weinbau verschrieben. Seit dem Jahr 1981 wurde das Gut mit Unterstützung der »Associazione Suolo e Salute« des Professors Garofalo organisch-ökologisch bebaut, was auch der Olivenölproduktion zugute kam. Selbstverständlich stammt auch die Grappa des Hauses aus biologisch erzeugten Chianti-Trestern. Die Qualität und Rückstandsfreiheit wird regelmäßig von namhaften Instituten kontrolliert.

Grappa Fior di Selva

Aus den ökologisch angebauten Chianti-Trestern, bei Nannoni in Paganico innerhalb von 48 Stunden nach dem Abstich diskontinuierlich in der dampfbeheizten Calderini-Brennblase bei niedrigen Temperaturen destilliert (42 %vol, 50 cl). Klar schimmernder Brand mit komplexem Aroma: Zunächst fruchtbetont, tauchen tiefere, weiche Nussnoten auf, die sich schließlich zu schokoladiger Rundlichkeit ausbilden. Feste Struktur.

Weitere Grappe: *Grappa Chianti Riserva (ein Jahr im Eichenholz gelagert).*

Terrabianca

Azienda Terrabianca
Radda in Chianti
53017 Siena
Toskana

Im Jahre 1085 erstmals erwähntes Landgut in der Gemeinde von Radda in Chianti in der Toskana, das es einem Schweizer Geschäftsmann angetan hatte: 1988 verkaufte Roberto Guldener seinen Modeladen in der Züricher Bahnhofstraße und wurde Winzer in Terrabianca. Die ungewohnte Herausforderung bildete die Grundlage zu erneutem Erfolg: Terrabianca zählt mittlerweile zu den angesehensten Weingütern in der Chianti-Region, seit kurzem gehört auch das Maremma-Weingut Il Tesoro bei Massa Marittima zu Terrabianca. Beiden Weingütern ist die Grundphilosophie Robert Guldeners gemeinsam: Biologische Düngung, rigorose Reduktion der Ertragsmenge und selektive Ernte von Hand sorgen für gesundes Traubengut. Temperaturgeregelte Gärung und Lagerung in Barriques aus Allier-, Troncais- oder Vogesen-Eiche, aber auch in großen Eichenfässern, lassen Spitzenqualitäten entstehen: elegante, gut strukturierte Weine mit langer Haltbarkeit.

Grappa La Bomba

Bei Bonollo in der Brennerei in Formigine zweifach diskontinuierlich in Dampf-Alambics gebrannte Grappa (45 %vol, 50 cl).
Ein ehrgeiziger, viel versprechender Duft prägt diese Grappa. Und sie hält, was sie verspricht: von Trauben und Sommerfrucht geprägtes Aroma, muskulöser Körper und Nachhaltigkeit im Finish.

Terre Cortesi Moncaro

Terre Cortesi Moncaro
Via Piandole, 7/A
60036 Montecarrotto
Marken

Eine der bedeutendsten auf Qualitätsweinbau setzenden Genossenschaften Mittelitaliens. Einfach war der Einstieg in das oberste Segment nicht, aber die Önologen Giuliano d'Ignazi und Danilo Coppa gaben nicht auf – mochte auch die Solidarität der einzelnen Winzer des kleinen Ortes Montecarrotto im Norden von Ancona zu Ihrer Genossenschaft auf dem Spiel stehen. Wo es um den Anschluss an die Zukunft ging, war eine härtere Gangart gefragt: Nur noch erstklassiges Traubengut konnte akzeptiert werden, ökologischer Anbau wurde aktiv angedacht. In der Zwischenzeit hat sich alles beruhigt, der Öko-Ansatz trägt Früchte und der gemeinsame Erfolg spricht für sich. Zum zeitgemäßen Konzept passt auch die Grappa des Hauses aus rotem Rosso Conero DOC und das Acquavite d'Uva aus weißen Trauben des Verdicchio dei Castelli di Jesi.

Grappa Roveta di Rosso Conero

Aus Trestern der DOC Rosso Conero bei Ancona doppelt diskontinuierlich bei Bonollo in Formigine gebrannt (42 %vol, 70 cl).
Lebhafte Frühlings-Grappa mit feinem Blütenbukett, in das sich ein Hauch gebrannter Mandeln mischt. Ausgewogenes Verhältnis zwischen Duft und mittelschwerem Körper.

Umani Ronchi

Azienda Vinicola Umani Ronchi
Strada Statale 16, km 310
60027 Osimo
Marken

Das renommierte Weinhaus der Familie Bernetti besitzt nahezu 200 Hektar Rebanlagen in den DOC-Zonen am Monte Conero und bei Jesi, die nicht nur mit den Klassikern Montepulciano und Verdicchio, sondern auch mit Chardonnay, Sauvignon, Cabernet Sauvignon und Merlot bestockt sind. Diese fließen in die IGT-Cuvées des Hauses, wie den Le Busche Marche Bianco aus Verdicchio und Chardonnay, den Maximo Marche Bianco aus botrytistönigem Sauvignon oder dem Pelago Marche Rosso aus Cabernet, Merlot und Montepulciano, ein. Unterstützt von Altmeister Giacomo Tachis, gelingt es dem Kellerverantwortlichen Umberto Trombelli in der Regel perfekt, den Geschmack des anspruchsvollen Publikums zu treffen, auch mit der Grappa des Hauses.

Cumaro Grappa di Rosso Conero (1999)

Tresterdestillat des roten Rosso Conero DOC der sieben Hektar großen Weinlage Cùmaro, das bei Giovanni Poli, einem der vier destillierenden Poli-Cousins aus dem Bergdorf Santa Massenza im Trentino doppelt diskontinuierlich gebrannt und im Weingut harmonisiert wurde (43 %vol, 70 cl). Feiner Brand mit einer gelungenen Balance zwischen Frucht (Birne, Pflaume, etwas Erdbeere) und Gewürzen, die auch den mittelschweren Körper bestimmt.

Villa Bucci

Azienda Agricola Fratelli Bucci
Via Cona, 30
60010 Ostra Vetere
Marken

Seit mehr als 300 Jahren baut die Familie Bucci erfolgreich in den Marken Wein an. Die roten Weine der DOC Rosso Conero der Marken sowie die Weißweine des Verdicchio dei Castelli di Jesi DOC, die von Amphelio Bucci und seinem Önologen Giorgio Grai ausgebaut werden, gehören zu den besten der Region. Amphelio gilt als Schrittmacher beim Verdicchio, was ihm selbst das Time Magazine bestätigte. Von den 25 Hektar Weinbergbesitz sind 80 Prozent mit Verdicchio bestückt und bewusst auf geringe Erträge ausgelegt. Daraus entstehen durch überlegte Kellertechnik komplexe und anspruchsvoll strukturierte Lagen-Verdicchios, die nach einer ersten Reifephase vermählt werden und dann als Cuvée weitere Zeit zum Harmonisieren finden.

Grappa di Vinacce di Verdicchio dei Castelli di Jesi

Sortenreine Grappa aus den Trestern des Verdicchio dei Castelli di Jesi Villa Bucci, in der Destilleria Santa Teresa von Paolo Marolo im Wasserbad-Alambic gebrannt (42 %vol, 70 cl). Gut entwickeltes Destillat mit kraftvollem Duft nach reifer Frucht (Pfirsich, gekochte Aprikose) und strukturierter Geschmacksempfindung bis zum entfernten Finish.

Villa La Selva

Fattoria Villa La Selva
Località Montebenichi
52021 Bucine
Toskana

Will man der Legende glauben, dann erreichte der abenteuerlustige Mönch Giuseppe Carpini im Jahre 1245, also dreißig Jahre vor Marco Polos berühmter Reise in päpstlichem Auftrag den Hof von Cathay: China. Dem dortigen Kaiser schenkte er einen Weinstock, der von den Weinbergen der heutigen Villa La Selva stammte, damals Kirchengut. Eine Geschichte, die den erfolgreichen Stoffdesigner und angeblichen Nachfahren des Mönches Sergio Carpini nicht losließ: Im Jahre 1988 kaufte er das erfolgreiche Weingut und lässt seitdem seine hoch geschätzten Ideen dem Interieur seiner auch über elegante Ferienwohnungen verfügenden Villa, den Etiketten seiner Flaschen, vorwiegend aber seinen Weinen wie den IGT-Cuvées Selvamaggio oder Felcaia zugute kommen.

Grappa di Selvamaggio

Grappa Monovitigno aus den Cabernet-Sauvignon-Trestern der Cuvée Selvamaggio. Bei Nannoni in Paganico unverzüglich nach dem Abstich bei Niedrigtemperatur diskontinuierlich gebrannt (42 %vol, 50 cl).
Kristallklare, runde Grappa mit typischer »Rotwein«-Charakteristik aus dem Cabernet-Sauvignon. Feine Frucht, zarte Kräuter und ein Hauch Blüten – schön.

Villa Vignamaggio

Villa Vignamaggio
Via di Petriolo, 5
50022 Greve in Chianti
Toskana

Eine Renaissance-Landsitz mit Geschichte, hier wurde La Gioconda, Leonardo da Vincis angebetete Mona Lisa geboren. Vor 80 Jahren verliebte sich eine andere Toskanerin in den Renaissancepalast: Contessa Elena Samminiatelli restaurierte das Haus und die historischen Gärten und gab ihnen ihren alten Glanz zurück. Seit 1988 gehört die Villa Gianni Nunziante, der seinerseits große Investitionen nicht nur in den 45 Hektar großen Weinbergbesitz und die 19 Hektar Olivenhaine tätigte, sondern auch in die pittoreske Gesamtanlage, die heute auch Feriengästen offen steht. Die Weine, darunter der nach La Gioconda benannte Chianti Riserva Mona Lisa, aber auch die IGT-Toskaner Obsession und Vignamaggio gehören zu den besten in Greve und Umgebung.

Vignamaggio Grappa di Chianti Invecchiata

Aus Sangiovese-Trestern bei Comar in Aquileia gebrannte Grappa, die in einer weißen und einer fassgereiften Version existiert. Die Grappa Invecchiata reift 12 Monate in kleinen Eichenfässern und wird in zierliche Kristallflaschen mit Dekanterverschluss abgefüllt (40 %vol, 50 cl). Fesselnde Grappa mit gut gezähmtem Feuer: feinfruchtiger Duft nach Sommer, toskanischen Kräutern und Bittermandeln, mittelschwer mit komplexem Geschmack, der immer wieder neue Komponenten enthüllt.

Süditalien und die Inseln

Wo Zitronen und Reben blühen

Wer hierher reist, hat meist ein klares Ziel vor Augen: Häufig gilt die italophile Sehnsucht den langen Stränden am Fuß des italienischen Stiefels und rund um die Inseln, die während der heißen und langen Sommer die Sonne gepachtet zu haben scheinen. Die Freude des Touristen ist allerdings das Problem der Winzer: Nur wenige Rebsorten haben den harten, durch Wasserarmut und karge Böden verschärften Auslesetest ihrer Heimat überstanden und liefern hier überhaupt Wein. Lange war dieser nur als Deckwein gefragt, wurde in Tankwagen nach Norden gekarrt und verhalf dort den blassen Nordlichtern zu kraftvoll-südlicher Farbenpracht. Seit die Weinpreise im Allgemeinen angezogen haben, lohnt es sich aber auch für die Winzer in Kampanien, der Basilikata, in Apulien, Kalabrien sowie auf Sizilien und Sardinien sich Mühe zu geben mit ihren althergebrachten Rebsorten. Und diese danken ihnen die Sorgfalt. Die Weine aus Süditalien und von den Inseln gehören zunehmend zu den besseren Rebensäften des Landes.

Kampanien

Die »Campania Felix« der Römer, das »glückliche Land« rund um den Golf von Neapel, erstreckt sich als Weinbauregion heute etwa 80 Kilometer weit ins Landesinnere. Die önologischen Hinterlassenschaften antiker Besiedlung durch Griechen und Italer haben die politisch schweren Zeiten dieser immer wieder heiß umkämpften Landschaft unbeschadet überstanden, ihre Erinnerung schwingt heute noch in den Namen der Weine mit: Greco di Tufo, Fiano di Avellina, Taurasi im Landesinneren, Lacryma Christi und Ravello an der Küste. Tiefdunkle, charaktervolle Rote und fruchtige, spritzig-frische Weißweine sind heute Belege für die Bemühungen von mittlerweile vielen Winzern um hochwertige Weine.

Die Zeiten der Massenweinerzeugung sind noch nicht lange überwunden, aber die Messlatte für ein besseres Niveau wurde bereits in ansehnlicher Höhe gesetzt. Einige Weingüter haben sich durch intensive Forschung zudem einen geradezu legendären Ruf um die Wiederbelebung aus der Antike stammender Weine erworben. Wenn es um Grappa geht, weicht man jedoch vom antiken Vorbild ab, schließlich gab es damals noch keine Grappa. So wurde aus dem glücklichen Land der Römer das noch glücklichere Land der Grappa-Aficionados.

Basilikata

Auf den ersten Blick hat das Bergland der Basilikata nichts Romantisches an sich: karge, mit Felsen gesprenkelte Hügel, beige und braun die Farbgebung unter der sengenden Sonne, nur vereinzelt kleine Weiler und grüne Felder. Mezzogiorno – arm, trocken, dünn besiedelt. Eine Landschaft für Individualisten oder für Einwanderer, die den Zuständen zu Hause entfliehen wollten. Die Griechen, die vor über 2500 Jahren die Basilikata von Tarent aus besiedelten, störten sich nicht an der rauen Natur ihrer neuen Heimat. Sie gruben Brunnen, legten kleine Weingärten an und hinterließen ihren Nachkommen die Aglianico-Rebe, historisch *vitis hellenica* genannt und heute Grundlage für einen der besten Rotweine Süditaliens, mit fruchtigem Aroma, festem, harmonischem Körper und anfangs schroffem, später jedoch geschmeidigem, intensivem Abgang. Vor allem um den im Mittelalter als Wein-Handelsplatz geschätzten Ort Rionero am Fuße des Monte Vulture wird der Aglianico angebaut. Grappa wird hier zwar gebrannt, aber man macht nur wenig Aufhebens davon. Wirklich bekannt und leicht zu finden sind nur die Aglianico-Grappe der Brüder D'Angelo, die den Charakter dieser Grappe vorbildlich repräsentieren. Über einem Grundton von reifer Frucht finden sich zart florale Noten, der Gesamtcharakter ist weinig und mild.

Apulien

Apulien ist das Weinbaugebiet Italiens, das derzeit europaweit am meisten en vogue ist. Das hat verschiedene Gründe, beispielsweise spielt das immer noch günstige Preis-Leistungs-Verhältnis eine Rolle, das apulische Weine selbst für die notorisch steuergeplagten, in der Weinpresse jedoch führenden Briten erschwinglich macht. Image also auf der einen Seite, neue Entdeckungen auf der anderen. Viele Anbauzonen Apuliens sind immer noch weiße Flecken auf der Weinkarte Italiens. Was sich dort finden lässt, überrascht: heiße, trockene Sommer sorgen nicht zwangsläufig für schwere, breite und damit uninteressante Weine. Stattdessen reift die stete Sommerhitze die Trauben vollständig aus und sorgt für Weine mit hohem Alkoholgehalt und für vollmundiges, körperrei-

Musealer Alambicco – die Technik ist aber bis heute gleich geblieben.

ches Profil. Wirken sie in der Jugend noch rau und ruppig, entwickeln sie mit zunehmender Reife samtige, harmonische Züge. Zur Abrundung ihres Sortiments lassen immer mehr Winzer gute bis beste Grappe destillieren, wenn auch meist von erfahrenen Destillateuren aus Nord- oder Mittelitalien. Rundete früher das Olivenöl das Sortiment eines kleinen Winzers ab, so findet sich an immer mehr Weingütern der Hinweis: »Vini e Grappa« – das Geschenk der Götter hat auch die Ferse des Italienischen Stiefels erreicht.

Kalabrien

Kalabrien, die gebirgige Halbinsel an der Stiefelspitze, ist als Weinland erstaunlicherweise eher unbekannt, sind hier doch dank fruchtbarer Böden, günstiger Sonneneinstrahlung und kühleren Höhenlagen die Voraussetzungen für erfolgreichen Weinbau durchaus gegeben. Wie es sein könnte, beweisen die Winzer um Ciro Marina in der Region Catanzaro, deren Ciro DOC mittlerweile in ganz Europa genossen wird. Allerdings fehlen historische Wurzeln und lokale Traditionen. So beherrschen die meisten Winzer zwar nach wie vor die Klaviatur der modernen Massenweinerzeugung, ihre Weine verschwinden jedoch in der Regel in Verschnitten aus diversen Mitgliedsländern der EU. Wo man sich allerdings zum Qualitätsweinbau bekennt, bleibt es nicht aus, dass auch die Destillation von Grappa als Ergänzung eines erfolgsorientierten Weinprogramms betrachtet wird. Gerade vom Ciro DOC sind deshalb herrliche Grappe auf dem Markt, die in der Zukunft sicher noch viele Freunde finden werden.

Sardinien

Auf der zweitgrößten Insel des Mittelmeers wurde nachweislich schon in der Steinzeit Weinbau betrieben. Hier herrschten Phönizier, Punier, Römer, später die Byzantiner, Mauren, Genueser, Pisaner und Venezianer, bis die Spanier kamen und ihre Vorstellungen mitbrachten, die die sardischen Weine an Vorbildern aus Jerez oder Madeira orientierten. Die damals eingeführten Methoden der Rebkultivierung, der Lese und Kelterung, der Mostfermentierung und Lagerung des Weines sind noch heute gültig. Gleichfalls zeitlos die Rebsorten, die nach und nach eingeführt wurden, bis sich schließlich die heutige Vielfalt einstellte. Seit einem halben Jahrhundert setzen die sardischen Winzer eher auf konzertierte Aktion und Qualität, auf ein Genossenschaftssystem mit primärem Anbau eines leichten, spritzigen Weißweins aus der Nuraghus-Traube, der heute als Prototyp des »sardischen« Weines gilt.

Es lohnt sich aber auch, die aus den Sorten Monica, Cannonau, Cirò, Bovale Sardo, Vermentino und Vernaccia di Oristano gekelterten, sortenreinen Weine zu probieren, die zunehmend auch von engagierten Weingütern angeboten werden. Die sardische Grappa-Szene ist vielfältiger geworden: Noch vor 15 Jahren nannte man die typische Insel-Grappa spöttisch »Filu Ferru« – Eisendraht, heute dagegen bemühen sich Genossenschaftschefs wie Winzer um ihre Trester und lassen daraus sortenreine Grappe destillieren, die wie ihre Weine von der Geschmacksfülle und dem Charakterreichtum zeugen, der auf Sardinien möglich ist.

Sizilien

Die größte Mittelmeerinsel ist zugleich die größte, wenn auch nicht bedeutendste Weinregion Italiens. Der Großteil der sizilianischen Rebensäfte wird lokal als Zechwein getrunken oder als Verschnittwein nach Nordeuropa geliefert. Doch allmählich ändert sich dieses althergebrachte Handelsprinzip: Wie andernorts in Italien fand sich auch hier ein Häuflein Qualitätsfanatiker, die beweisen, welcher Facettenreichtum sich aus sonnenreichem, mediterranem Klima, ausreichend Feuchtigkeit, fruchtbaren Böden und der Rückbesinnung auf eine Tradition ergeben kann, die bis in graue Vorzeit zurückreicht. Das Wort *vino* hat, Sprachforschern zufolge, seine Wurzeln auf Sizilien. Die dabei erzielte Qualitätssteigerung ist selbst für italienische Zungen so bemerkenswert, dass renommierte Weinführer sich heute fragen, wie es bei diesen guten Voraussetzungen überhaupt gelingen konnte, belanglose Weine zu erzeugen? Nicht fragen, freuen! Neben edelsüßen Dessertweinen wie dem Marsala und anderen Malvasia- und Moscato-Erzeugnissen werden aus Chardonnay, Sauvignon, Cabernet sowie einheimischen Rebsorten trockene Vini ausgebaut, die gelungene Kompromisse aus Extraktreichtum und Säurepuffer darstellen. Unter diesen Bedingungen, nicht zuletzt auch durch die Initiative des Destillateurs Giovanni Lo Fausci von der Distilleria Giovi, entwickelte sich, analog zum Quantensprung beim Wein, eine sizilianische Grappakultur, die erneut klar macht, wie eng die Ars Vivendi durch Genuss und italienische Lebensfreude geprägt ist.

D'Angelo

Casa Vinicola D'Angelo
Via Provinciale, 8
85028 Rionero in Vulture
Basilikata

Die Wiederentdeckung der an sich für ihre karge Ärmlichkeit berüchtigten Mezzogiorno-Provinz Basilikata für den Weinbau ist den Brüdern Donato und Lucio D'Angelo zu verdanken, die seit langem für ihre Weine aus der antiken Rebsorte Aglianico und aus Malvasia, Moscato und Riesling bekannt sind und in der Zwischenzeit energische Nachahmer gefunden haben. Ihr Aglianico entsteht in zwei Versionen: als traditionell ausgebauter, eleganter Aglianico del Vulture und als edle Auslese, Canneto genannt – Letztere mit intensiver Farbe, kräftigem Fruchtbukett und harmonischem, gut strukturiertem Körper. Die Pressrückstände beider Varianten werden bei Nannoni im toskanischen Paganico zu Grappa gebrannt.

Grappa d'Aglianico

Der Trester wird so schnell wie möglich nach Maischegärung und Abstich unter Kühlung in die Toskana transportiert und dort diskontinuierlich in kleinen Brennblasen destilliert (42 %vol, 50 cl). Der jugendliche Blumenduft entwickelt nach der ersten Duftwelle schnell eine solide Fruchtigkeit, der feine Gewürznoten zu ausgesprochener Feinheit verhelfen. Die Nase setzt sich konsequent am Gaumen und erlangt schwingende Tiefe.

Azienda Agricola Feudi di San Gregorio
Località Cerza Grossa
83050 Sorbo Serpico
Kampanien

Seit nahezu zwei Jahrzehnten setzen Luciano Ercolino und Mario Capaldo mit ihrem erst 1986 gegründeten Weingut Maßstäbe für den Rest der Region und schufen positive Ansätze für eine Weinbaugegend, in der schon Griechen und Römer den Rebensaft anbauten. Als »Felix Campania« weckte Kampanien im Römischen Reich Reiseträume und erfüllte sie auch. Der Genießer kommt heutzutage bei den Weinen ins Träumen, etwa bei der legendären Cuvée Serpico, der sich mit dem roten Pàtrimo und dem weißen Campanaro zwei ebenbürtige Partner zur Seite stellten. Bei Grappa bevorzugen die beiden Weinmacher allerdings die Trester ihrer gleichfalls hochwertigen DOC-Weine Greco di Tufo, Aglianico di Taurasi und Fiano di Avellino, die anders als die Spitzen-Cuvées sortenrein gekeltert werden und sich deshalb zur Erzeugung von Monovitigno-Grappa eignen.

Grappa di Greco di Tufo

In der sizilianischen Spitzendestillerie Giovi von Giovanni Lo Fausci gebrannte Grappa aus den Trestern des sortenreinen Greco di Tufo (43 %vol, 50 cl). Frühsommerliches Destillat mit floral-fruchtigem Duft und einem Hauch Bitterkeit im Geschmack.

Leone de Castris

Az. Agr. Vitivinicola Leone de Castris
Via Senatore de Castris, 50
73015 Salice Salentino
Apulien

Apulien ist die italienische Neuentdeckung der letzten Jahre – die internationalen Lobeshymnen können Salvatore Leone de Castris und seinem Sohn und Mitstreiter Piernicola nur ein müdes Lächeln abringen. Schließlich befindet sich ihr Weingut schon seit über 400 Jahren in Familienbesitz. Die hochadeligen Winzer waren etabliert als Hoflieferanten der zahlreichen italienischen Kleinstaaten, auch der Papst zählte zu den zufriedenen Kunden. Im Jahre 1925 präsentierten die Leone de Castris den ersten Rosé ihrer Anbauregion, der sich schnell einen Namen machte. Später in Five Roses umbenannt, gilt er nach wie vor zu Recht als interessanter Wein, als Klassiker dieser »neuen« Region. Salvatore Leone de Castris legt Wert auf die Erzeugung aktueller, kräftiger, aber nicht übermächtiger Rotweine, die er in seiner ultramodernen Kellerei ausbaut und auch gerne probieren lässt. Aus den Trauben des Five Roses entsteht das Acquavite d'Uva des Hauses.

Acquavite d'Uva Five Roses

Bei Bonollo diskontinuierlich doppelt im Wasserdampf-Alambic destillierter Traubenbrand aus den Trestern des Rosé Five Roses (40 %vol, 50 cl). Ausdrucksstarker, wohlstrukturierter Brand mit aromatischem Duft nach reifem Obst und Trauben. Ausgewogen mit guter Nachhaltigkeit.

Librandi

Az. Vinicola Librandi
Cirò Marina, Strada Statale 106
Contrada San Gennaro
88072 Cirò Marina
Kalabrien

Das Weingut von Antonio, Cataldo und Nicodemo Cataldo Librandi, 1940 gegründet, gilt als wegweisend für die aufstrebende Weinbaulandschaft Kalabrien. Nach umfangreichen Modernisierungsmaßnahmen in Keller und Weinberg besitzen die Gebrüder Librandi und ihr Önologe Donato Lanati heute die Voraussetzungen, Weine auf hohem Niveau zu keltern. Trotz des warmen Klimas in Italiens Süden wachsen Sauvignon Blanc und Chardonnay zu frischen, fruchtig-spritzigen Weißweinen heran, der Gravello aus Cabernet Sauvignon und der einheimischen Rebsorte Gaglioppo gehört zu den besten Rotweinen Süditaliens. Aushängeschild des Gutes sind die Cirò-Rotweine, voller Geschichte und zeitgemäßer Vitalität.

Torre Brezia Grappa di Cirò

Grappa aus den Gaglioppo-Trestern des Rotweins Cirò, bei Comar in Aquileia doppelt diskontinuierlich gebrannt (40 %vol, 70 cl).
Der Transport der Trester von Kalabrien nach Aquileia an der oberen Adria scheint den Trestern nicht zu schaden; man sollte sich Zeit für diese Grappa nehmen. Zurückhaltend würziger Duft, harmonischer Geschmack mit reichem Aroma, angenehmer, langer Nachgeschmack, sehr komplex!

Mastroberardino

Azienda Vinicola Michele Mastroberardino
Via Manfredi, 89
80342 Atripalda
Kampanien

Antonio Mastroberardino, der Schrittmacher der Weinbauregion Kampanien, ist seit 1945 Chef des über 330 Hektar Anbaufläche verfügenden Weinguts der Gebrüder Mastroberardino und Vorbild für seine Nachbarn. Denn er beweist mit jedem Jahr aufs Neue, wie geeignet die Böden und das sonnenreiche Klima Kampaniens für den Anbau von Spitzenweinen sind – wenn der Winzer das Seine dazu beiträgt: in diesem Fall Ertragsreduzierung, moderne Kellertechnik und sorgfältige Lagerung der Rotweine in mittelgroßen Fässern aus slowenischer Eiche. Neben den Standardweinen werden mit besonderer Sorgfalt die Lagenweine Vignadora, Radici di Lapio, Vignadangelo und Novaserra ausgebaut, Spitzenprodukt ist der Lagenwein Taurasi Radici aus der Aglianico-Rebe, dem Experten eine Lagerfähigkeit von 50 bis 60 Jahren prophezeien.

Grappa Velia di Greco di Tufo

Aus den sortenreinen Trestern des Greco di Tufo DOC in der Distilleria Aquileia di Comar schonend in einer Wasserbad-Brennblase destilliert und mehr als drei Jahre in kleinen Eichenfässern gereift (40 %vol, 50 cl).
Hellgolden, mit rundem, versammeltem und dabei vornehm zurückhaltendem Aroma, am Gaumen weinig, samtweich und delikat.

Kurz vor der Lese: Aus diesen Trauben entsteht Wein und Grappa.

Russo

Distilleria Fratelli Russo
Via Vittorio Emanuele, 355
95010 S.Venerina
Sizilien

Im Jahre 1870 gegründete Destillerie am Fuße des Ätna im östlichen Sizilien, die heute den Brüdern Salvatore und Giuseppe Russo gehört. Die unberechenbare Natur Siziliens hat die beiden Respekt vor ihrer Heimat gelehrt: Mit Investitionen in modernste Brenntechnologie minimieren sie kontinuierlich die Emissionen ihrer auf einem ehemaligen Jagdgut der Bourbonenkönige von Neapel und Sizilien liegenden Brennerei. Der Überfluss an reifem Obst ließ die beiden zu Spezialisten in der Erzeugung hochwertiger Obstliköre werden. Modischer Limoncello wird genauso angeboten wie Fragolino (Erdbeerlikor), Mandarinetto, Arancello (Bitterorangen) oder Amaretto aus den berühmten sizilianischen Mandeln.

Grappa dell'Etna

Grappa aus den Trestern von Weintrauben, die in den Weinbergen an den Hängen des Ätna wuchsen. Destillation im Vakuum und Lagerung in Fässern aus slowenischer Eiche (42 %vol, 70 cl). Zartgolden, mit verführerischem Duft nach reifer Frucht und Bittermandeln. Kraftvoller, weder zu schwerer noch zu aggressiver Brand mit positivem Gesamteindruck.

Sella & Mosca

Tenute Sella & Mosca
Località I Piani
07041 Alghero
Sardinien

Am Fin de Siècle, 1899, kehrten der Ingenieur Emilio Sella und der Jurist Edgardo Mosca ihrer Heimat Piemont den Rücken und siedelten sich im Inneren der schon zu phönizischen Zeiten mit Wein bewachsenen Insel Sardinien an. Ihr Weingut wuchs schnell zum bedeutendsten Erzeuger des wilden Eilands heran, dessen Vielfalt an autochthonen Rebsorten von kaum einer anderen Region erreicht wird. Ob Monica di Sardegna, Cannonau di Alghero, Torbato, Nasco di Cagliari oder Vermentino – die sorgfältig ausgebauten Weine von Sella & Mosca bieten einen guten Einblick in die traditionelle Sortenvielfalt Sardiniens. Ihre modernen Cuvées wie der Alghero Marchese di Villamarina, der dem Gambero Rosso schon mehrfach die Tre Bicchieri wert war, der Tanca Farrà, Monteluce, Le Arenarie oder Vermentino Monteoro sind die aktuellen Gegenstücke. Originellstes Produkt ist jedoch der rote Dessertwein Anghelu Ruju aus sonnengetrockneten Cannonau-Trauben, der nach jahrelanger Fasslagerung, ähnlich wie Port, in der Flasche ausreifen muss. Aus den vergorenen Trestern dieser zucker- und extraktreichen Trauben lässt man ebenso wie aus den Trestern des Marchese di Villamarina, Le Arenarie und Monteluce Grappa destillieren.

Grappa di Anghelu Ruju

Bei Bonollo in Formigine diskontinuierlich destilliert und nach der vorgeschriebenen Lagerung in schlanke, hohe Flaschen abgefüllt (42 %vol, 50 cl). Hintergründiger Brand mit sommerlichem Fruchtaroma (Beeren, Aprikose, etwas saftiger Pfirsich), akzentuiert durch grüne Noten (Paprika, Liebstöckel), im Abgang trockener werdend.

Tasca d'Almerita

Tenuta Regaleali di Conte Tasca d'Almerita
Località Regaleali
90029 Vallelunga Pratameno
Sizilien

Der Name dieses renommierten sizilianischen Weinguts im Besitz des Grafen Tasca d'Almerita hat nach vielen Erfolgsjahren so großes Gewicht, dass sich der Graf souverän über die Vorschriften der kontrollierten Herkunftsbezeichnungen hinwegsetzen kann. Seine erstklassigen Produkte werden schlicht als IGT-Weine unter Bezeichnungen wie Chardonnay di Sicilia, Leone d'Almerita Bianco di Sicilia, Rosso del Conte oder Regaleali Bianco, Rosato oder Rosso aus verschiedenen Rebsorten in den Handel gebracht. Die Kritiker und Weinnasen hat das niemals abgeschreckt. Die gräflichen Kreszenzen haben längst Kultstatus, wie etwa der 1996er Cabernet Sauvignon di Sicilia, der Weinpapst Veronelli 2001 drei Sterne wert war, oder sein Nachfolger aus dem Jahrgang 1998, der im selben Jahr die Tre Bicchieri des Gambero Rosso einheimste.

Grappa di Rosso del Conte

Trester der Rebsorten Nero d'Avola und Perricone; bei Giovanni Lo Fausci in der Destillerie Giovi diskontinuierlich in der Wasserbad-Brennblase gebrannt (43 %vol, 50 cl).
Konsequent strukturierter Brand mit ansprechendem Aroma von Backäpfeln, Pistazien und Kräutern und fülliger Struktur, die sich bis in den Abgang bemerkbar macht.

Taurino

Azienda Agricola Cosimo Taurino
Strada Statale 605
73010 Guagnano
Apulien

Warum nur ist auf dem Etikett der Grappa Acqua dei Messapi als Erzeuger Tauri di Taurino e Rimaroli, Pavia zu lesen? Das Weingut, aus dem die Grappa tatsächlich stammt, liegt keineswegs in Pavia, sondern zwischen Brindisi und Lecce am Absatz des italienischen Stiefels. Derzeit erleben die Weine aus Apulien einen erstaunlichen Boom, an dem Franchesco Taurino und sein Önologe Severino Garofano keinesfalls unschuldig sind. Nun ja, wenigstens das Rückenetikett klärt auf, dass es sich bei der sortenreinen Grappa aus der autochthonen Rotweinsorte Apuliens Negroamaro um das »Abfallprodukt« des hoch geschätzten Lagenweines Il Patriglione handelt, den der Gambero Rosso im Jahr 2002 »einen der komplexesten und faszinierendsten Weine Süditaliens« nannte. Genauso entdeckenswert die Grappa – hat man erst einmal herausgefunden, wer Ross und Reiter hier eigentlich sind.

Acqua dei Messapi

Sortenreiner Tresterbrand aus der apulischen Spezialität Negroamaro, aus der bei Taurino auch die Spezialcuvée Il Patriglione erzeugt wird. Bei Franco Barbero in Mombercelli diskontinuierlich im Wasserbad-Alambic gebrannt und gereift (42 %vol, 50 cl).

Reizvolle, weinwürzige Grappa mit jugendlich-frischem Blütenduft und einer satten Cremigkeit im Mund, die ein wenig an Blütenhonig erinnert.

Grappa in Italien

Auch wenn es im Sommer 2003 kurzfristig so aussah, als ob Italien seine bevorzugte Position als Lieblingsreiseziel – und Traumland – verloren hätte, längst ist absehbar: Nach wie vor wird die heute nicht mehr mühselige, in Stauzeiten aber dennoch zeitraubende Reise über die Alpen unternommen, um spätestens am Gardasee oder am Lago Maggiore wie ausgewechselt durch die Magie der Ars Vivendi die blütenduftende Luft des Südens zu atmen. Die Zielgruppe der italophilen Kulturreisenden und der Genuss suchenden Kulinariker überschneidet sich dabei offenkundig und ergänzt sich insgesamt zu einem anspruchsvollen Kreis Italienreisender, für die Kunst, Kultur und Kulinarik nur verschiedene Seiten ein und derselben kostbaren Münze sind.

Reisende, die sich nur zu gerne auch auf die Suche nach den Quellen der Grappa machen. Hier sei vor allem der Weg über den Brenner nahe gelegt. Unweit der zum Gardasee hinunterführenden Autostrada del Brennero liegt Bassano del Grappa am Fuße des Monte Grappa in der venetischen Provinz Vicenza. Obwohl weder das pittoreske Örtchen noch der südliche Ausläufer der venezianischen Alpen seinen Namen vom Tresterbrand Grappa bezieht, sind Grappa-Fans und Kulturreisende hier genau richtig. Die berühmte Brücke von Bassano über die Brenta inspiriert nicht nur zur Beschäftigung mit dem gleichnamigen Gassenhauer aus dem 13. Jahrhundert (»Il Ponte di Bassano«) oder ihrem Erbauer Andrea Palladio, dessen Villen flussabwärts das Gesicht der Brenta prägen. Gleich zwei Grappamuseen erwarten die Reisenden und führen ein in die lange Geschichte des Bauernschnapses, der zum Luxusbrand wurde. Dass auch die Degustation nicht zu kurz kommt, versprechen die Namen der Museumsstifter: Die alteingesessene Destillerie Nardini ist Italiens Marktführer in Sachen Grappa, während Jacopo Poli es längst zum international renommierten Kultbrenner geschafft hat. Und wer dann noch den Abstecher ins nahe gelegene Rosà zum begnadeten Brenner Vittorio Capovilla in seinem Reiseplan unterbringt, ist wirklich in der Heimat der Grappa angekommen.

Und kann sich getrost auf eigene Entdeckungen freuen. Offizielle Schätzungen gehen von mehr als 7000 Grappe in Italien aus, Tendenz steigend. Die tatsächliche Zahl wird diesen Wert sicherlich merklich überschreiten, denn kaum ein Winzer, der nicht wenigstens ausprobiert, was in seinen Trestern steckt. Oft sind es nur kleine Mengen, die so entstehen – gedacht als originelle Gaben nur für die besten Freunde und nicht zu finden in Preisliste oder gar auf der Website. Wer aber ans Tor des Weingutes klopft und direkt auch nach Grappa fragt, wird immer probieren dürfen – und dann auch die eine oder andere Flasche mitnehmen können.

Grappakauf lohnt sich in Italien immer. Die Preise liegen deutlich unter denen, die der Wein- und Spirituosenhandel hier zu Lande auch wegen der hohen Steuern zur Kostendeckung verlangt. Teilweise kosten Grappe renommierter Erzeuger nur ein Drittel vom hiesigen Ladenpreis. Dabei muss man nicht unbedingt die Erzeuger selbst in den Weinbauregionen abklappern. In vielen Weingegenden gibt es lokale Enoteche – öffentlich geförderte Weinmuseen mit Verkostungs- und Einkaufsmöglichkeiten. Dort werden immer auch Grappe vorgestellt, die zuvor durch ein Paneltasting als regionaltypisch ausgezeichnet wurden (siehe Seite 222).

Auch große Supermärkte und die Delikatessenabteilungen der Warenhäuser in Italiens Metropolen sind in der Regel gut sortiert. Wer also mit dem Auto nach Venedig fährt, kann durchaus auf dem Großparkplatz des Einkaufszentrums von Mestre parken, erst den Kofferraum mit Grappa füllen und von dort dann mit öffentlichen Verkehrsmitteln die Lagunenstadt erkunden. Allein die Ersparnis beim Grappakauf finanziert allemal einen faszinierenden Tag in Venedig!

Bei der Rückfahrt mit vollem Kofferraum allerdings unbedingt die Schweiz meiden und notfalls den Umweg durch Frankreich in Kauf nehmen, wenn die Oststrecke über Österreich zu weit ist. Die EU-Mitgliedsstaaten akzeptieren den Transit beliebiger Mengen alkoholischer Getränke, wenn die Grappasortierung verschieden genug ist, um einen rein privaten Kauf plausibel erscheinen zu lassen. Die Durchreise durch die Schweiz kann gut gehen, in der Regel muss aber damit gerechnet werden, dass bei Kontrollen Transitzölle anfallen.

Und hier noch einige praktische Tipps:

• Vorsicht vor aufwendigen Flaschen! Verpackungsästhetik ist schön, aber teuer. Oft werden die eleganten Schmuckflaschen speziell für die Gastronomie angefertigt, den Inhalt gibt es dann zum Nachfüllen in der schlichteren Glasflasche. Unbedingt direkt danach fragen, da diese Gastroangebote in der Regel nicht direkt im Shop angeboten werden.

• Bei Grappa Monovitigno auf die Wahl der Rebsorte des Grundweins achten! Eine Rotwein-Grappa (z. B. Barolo oder

Brunello di Montalcino) ist oft die bessere, weil aromareichere Wahl im Vergleich etwa zu einem Brand aus Chardonnay oder anderen weißen Sorten (Ausnahme: Aromarebsorten wie Riesling, Müller-Thurgau oder Moscato/Muskateller).

• Vergessen Sie den Mythos von der garantierten Qualität kleiner Mengen! Es gibt zwar einige renommierte Brennereien, auf deren im Auftrag von Winzern gebrannte Grappe man »blind« vertrauen kann (etwa Bonollo, Bosso, Rovero, Franceschini, Nannoni oder Capovilla). In der Regel kann man sich auch darauf verlassen, dass bekannte Weingüter unter ihrem eingeführten Namen nur erstklassige Grappa anbieten – dies um so mehr, als italienische Käufer einen Fauxpas nicht verzeihen und anschließend auch den Wein boykottieren würden. Die Hemmschwelle weniger bekannter Erzeuger, auch einmal einen misslungenen Brand unters Volk zu bringen, der ja ohnehin nur in »limitierter« Menge vorliegt, ist aber gelegentlich erstaunlich gering. Gerade für »Massenprodukte« dagegen ist Sauberkeit höchstes Gebot, hier ist das wirtschaftliche Risiko ungleich höher! Gute, solide Qualitäten zu bezahlbaren Preisen sind hier üblich.

• Und schließlich der wichtigste Tipp: Verlassen Sie sich im Zweifel eher auf Ihren ganz persönlichen Geschmack als auf berühmte Namen. Und lassen Sie mich wissen, was Sie entdeckt haben (Mail to: Bibiana.Behrendt@oceanos.de). Salute!

Grappa sammeln macht einfach Spaß. Wer sich nicht nur für das unterschiedlichste Ausgangsmaterial, sondern auch für die Einflüsse der Holzfasslagerung auf gereifte Grappe interessiert, sollte auf dem Etikett auf folgende Hinweise zur Holzart achten:

Invecchiata in botti di rovere (di Slovenia)	Gealtert in Fässern aus Eichenholz (aus Slowenien)
di Francia	... aus Frankreich
ciliegio	Kirsche
frassino	Esche
castagno	Kastanie
acacia	Akazie
susino	Pflaumenbaum
pero	Birnbaum
gelso	Maulbeerbaum

Grappa genießen ...

... kann man natürlich auch schon zum Frühstück, wie es den Italienern nachgesagt wird – Axel und ich hielten das für ein böswilliges Gerücht, bis wir in Venedig Zeugen wurden, wie ein Vaporetto-Kapitän (mit obligatorischem Kapitänspatent auf großer Fahrt!) vor Antritt seiner Morgenschicht sich um 7 Uhr in der Frühe bereits mit einem Caffè Corretto stärkte: Espresso con la grappa. Wahrscheinlich nur ein Einzelfall, denn auch in Italien, jedenfalls aber in unseren Breiten stellt Grappa einen perfekten Digestif dar, eine harmonische Abrundung vor allem eines Essens, das von Weinen begleitet wurde. Sollte es sich um italienische Küche und italienische Weine gehandelt haben – um so besser. Und ist auch noch die Grappa am Wein orientiert und wird beispielsweise die gleiche Rebsorte gewählt, kann man schon von Perfektion in Sachen Genuss sprechen.

Zu den Voraussetzungen für einen wirkliches Vergnügen gehört natürlich, dass sich das Genussmittel, in unserem Fall der Tresterbrand, in einem einwandfreien Zustand befindet. Womit wir bei der Frage nach der Haltbarkeit wären: ungeöffnet unbegrenzt. Ist die Flasche erst einmal angebrochen, zeigen sich hochprozentige Spirituosen dank ihres Alkoholgehalts glücklicherweise weniger empfindlich als etwa ein Portwein mit »nur« 20 %vol Alkohol. Unbegrenzt haltbar sind sie dennoch nicht, und leider lässt sich auch ein genaues »Verfallsdatum« nicht angeben. Bei Hochprozentern kann man die Haltbarkeit in der geöffneten (wieder verkorkten oder zugeschraubten) Flasche zwischen einigen Monaten (zartduftige Obstbrände) und mehreren Jahren (etwa für einen 12 Jahre fassgereiften Scotch Malt) veranschlagen, bevor sich die ersten, flüchtigsten Aromen merklich in Luft aufzulösen beginnen – irgendwann verliert jedoch jeder Brand, er baut ab. Die Ausdauer von Tresterbränden liegt wohl irgendwo zwischen den genannten Beispielen. Man sollte allerdings bedenken, dass es im Bereich der Trester robuste, aber auch eher fragile Charaktere gibt. In jedem Fall ist es ratsam, Tresterbrände – wie jede andere Spirituose auch – eher kühl und dunkel aufzubewahren. Nicht die Zeitdauer, sondern Licht und Wärme schaden dem Inhalt.

Dieser leidige Vorgang wird durch die Menge an Sauerstoff begünstigt, die sich im Verhältnis zum Destillat in der Flasche befindet. Optimal ist eine Füllmenge bis zum Flaschenhals, wie sie in einer vollen Flasche gegeben ist. Naturgemäß ändert sich das nach dem Öffnen. Hier helfen zwei Tricks: entweder die Grappa in immer kleiner werdende Flaschen umfüllen. Oder die Flasche mit sauberen, dekorativen Glasmurmeln auffüllen, bis der gewünschte Flüssigkeitsstand erreicht ist. Gerade in Italiens Souvenirshops gibt es Murmeln in allen Größen und Farben: ein schönes und nützliches Mitbringsel für alle Grappa-Fans.

Wer sich also nur ganz gelegentlich ein Gläschen gönnt (und/oder weiß, dass auf seine Wohnzimmervitrine regelmäßig die pralle Nachmittagssonne knallt), ist am besten beraten, seine wieder verschlossene Flasche ganz einfach in den kühlen Keller zu stellen (nicht zu legen!) – es sei denn, hier sind fremde, möglicherweise schädliche Gerüche in der Luft, etwa durch einen Heizöltank. Ein normaler, leicht feucht-muffiger Geruch, wie man ihn aus Altbaukellern kennt, schadet dagegen keineswegs.

Zu einem einwandfreien Zustand zählt weiter nicht nur die »Frische«, sondern auch der geeignete »Aggregatzustand«: wenn manche Leute, deren Kühlschrank über ein 3-Sterne-Gefrierfach verfügt, könnten wie sie wollten ... sie würden vermutlich selbst den edelsten Brand tiefgefrieren. Ob sie die Würfel sogar lutschen würden, wenn Hochprozenter zu »Eis« gefrieren könnten? Spaß beiseite: Eine mit Eis überzogene Wodkaflasche kann ganz effektvoll aussehen, und die Kälte schadet auch nicht, wenn eine Spirituose zugunsten der »Reinheit« kaum noch Eigengeschmack aufweist. Ein aromaintensiver Hochprozenter dagegen, wie etwa ein Tresterbrand, wird durch eine solche Behandlung geradezu umgebracht. Nein, zum Glück nur betäubt: Er »kommt wieder«, wenn er sich im Glas allmählich erwärmt. Die richtige Trinktemperatur? Für junge und liebliche Grappe sollte sie zwischen 8 und 10 Grad Celsius liegen, eine alte, im Fass ausgereifte Grappa bietet bei 16 bis 18 Grad den höchsten Genuss.

Alle noch so sorgfältige Temperierung ist allerdings vergebens, wenn man – wie es der Wirt der Pizzeria um die Ecke früher bisweilen zu tun pflegte – die Grappa im kleinen, womöglich auch noch »gefrosteten« Schnapsglas serviert. Die Königin der Weinspirituosen ist schließlich kein »Klarer«, den man sich mal kurz »hinter die Binde kippt«, sondern ein fragiler Hochprozenter, dessen Aroma zur vollen Entfaltung gebracht werden soll – schließlich käme ja auch niemand auf die Schnapsidee, einen edlen Cognac oder Malt Whisky im »Stamperl« zu präsentieren.

Das richtige Glas

Womit wir beim nächsten Genussthema wären: Auf breiter Ebene setzt sich die Erkenntnis durch, dass ein Glas zwar nicht aus einer schlechten eine gute Spirituose zaubern, sehr wohl aber ein komplexes Destillat in all seinen Facetten zum Funkeln bringen kann.

Harald L. Bremer, Diplomingenieur und Weinhändler aus Braunschweig, war der erste, der für die schöne Italienerin Grappa ein angemessen elegantes Glas kreierte: zart, hochstielig und aus mundgeblasenem Bleikristall. Die geringe Wandstärke im oberen Teil des Glases ermöglichte erstmals eine konzentrierte Wahrnehmung der Aromanuancen. Im unteren Teil weit geschwungen, verengte sich das Glas zu einem geraden Kamin, in dem sich Alkohol und Aromen ausbalancieren, bevor sie mit der Nase in Berührung kommen. Bremer, als Grappa erzeugender Winzer selbst hier im Guide vertreten (siehe San Michele), legte besonderen Wert auf Alltagstauglichkeit: Die zierlichen Gläser sind sogar spülmaschinenfest und überstehen auch die härtesten Ansprüche des gastronomischen Alltags.

Ein Punkt, der auch für die renommierten Glashersteller Schott-Zwiesel und Riedel wesentlich war: Profigläser, die auch Privatkunden gefallen. Klassiker im Programm von Schott: das Grappaglas der Linie »Domaine«, entworfen von Designer Alois Drexler sowie Glas Nr. 119 der Linie »Selection« aus dem Atelier Zwiesel. Natürlich darf Grappa auch bei der Innsbrucker Kult-Glasfabrik Riedel nicht fehlen: Ihre Serie »Sommeliers« umfasst auch ein Grappaglas mit schlanker Kelchform. Auch das Kristallglas-Unternehmen Spiegelau erkannte schon früh den Trend hin zur Grappa: Die mundgeblasenen Gläser sind klar strukturiert, statt eines voluminösen Kelches wurde eine schmale, grazile Tulpenform gewählt. Vorteil: Die geringe Verdunstungsfläche konzentriert die Aromen und sorgt für einen harmonischen Gleichklang aus alkoholischer Schärfe und Duftigkeit.

Spezielle Grappagläser gibt es heute in (fast) jeder Preislage, kein Glashersteller, der nicht das passende Angebot hätte. Zurückhaltung sei aber bei den beliebten Grappa-Sets aus sechs Gläsern und einer Glaskaraffe empfohlen. Nur selten besitzen diese Karaffen einen eingeschliffenen Verschluss und sind deshalb nicht zur Lagerung von Spirituosen geeignet.

Binnen kürzester Zeit verliert das Destillat seine Frische und Duftigkeit. Zurück bleiben ölig-dumpfe Noten – schade drum. Zudem sollten die Flaschen wie gesagt eher dunkel und kühl stehen, nicht als Deko-Objekt auf dem sonnigen Präsentierteller.

Wem der Platz in der Vitrine oder dem Gläserschrank auszugehen droht, der mag sich trösten: Sowohl junge wie auch gereifte Grappe duften und schmecken auch aus einem schlichten »Nosing«-Glas, wie es ursprünglich von Cognac-Destillateuren für die Zusammenstellung ihrer Cognac-Cuvée verwendet wurde, mittlerweile aber bei Brennmeistern und Spirituosenkostern zur Degustation nahezu aller gängigen Digestifs in Gebrauch ist.

Und wenn Sie sich nicht in Unkosten stürzen wollen: Bevor Sie auf die alten Schnapsgläser zurückkommen, nehmen Sie lieber ihre Sherry-Gläser für Grappe – sie kommen den für Spirituosen allgemein geeigneten Gläsern in Form und Funktion noch am nächsten und finden sich oft seit Jahren unbenutzt bei Muttern in der Vitrine oder auf dem Flohmarkt.

Kochen mit Grappa

In den Kochbüchern der klassischen italienischen Küche fristet die Grappa ein Schattendasein. Ganz anders in den Kochtöpfen: Der kleine Schuss Grappa zum Abschmecken ist den Hausfrauen lieb und gar nicht teuer, denn natürlich werden nicht die raren Edelgrappe verwandt, sondern ihre schlichteren Schwestern in den dickwandigen Allerweltsflaschen. Speziell die Küche des Nordens mit ihren deftigen, geschmacksintensiven Speisen schätzt das würzige Aroma der Grappa, das den Charakter der ländlichen Spezialitäten unterstreicht und dem Wechsel der Jahreszeiten willig folgt: Von Neujahr bis Weihnachten kennen die Italiener immer neue Möglichkeiten, Grappa einzusetzen.

Im Friaul mit seiner an Österreich und dem Balkan orientierten Küchentradition wird in der Neujahrsnacht oder am Morgen traditionell Pinza serviert, ein süß oder salzig gefülltes Hefegebäck, das mit Grappa flambiert wird, um böse Geister zu vertreiben. Venedig braucht Grappa im Karneval: Der berühmte »Dolce di Carnevale«, eine reich verzierte Schokoladentorte, wird mit einer Eiercreme gefüllt, die gerne mit Grappa aromatisiert wird. Ist die »Fünfte Jahreszeit«

Grappaglas aus der Serie »Grand Palais« von Spiegelau

Grappaglas von Bremer

Grappaglas von Riedel aus der Serie »Sommeliers«

Grappaglas der Linie »Domaine« von Schott-Zwiesel

vorbei, wächst in Venetien wie in Ligurien der Appetit auf die edelste aller Fastenspeisen: Fisch, frisch aus dem Meer. Kalt gegart, also in einer Mischung aus Zitronensaft und Grappa mit frischen Kräutern mariniert, als Vorspeise oder, mit etwas Grappa beträufelt, vom Grill ...

Im Landesinneren beginnen jetzt die ersten Früchte, das erste Gemüse zu reifen. Trotz der Tiefkühltruhen und Gewächshäuser wird nach wie vor eingekocht: Grappa veredelt Marmeladen ebenso wie Essiggemüse. Sie würzt die Peperonata und den Obstsalat, gibt der ligurischen Zabaione Secco, in die frische Gemüse gedippt werden, Geschmack und mariniert im Zusammenklang mit Minze den Garnelensalat mit selbst gerührter Mayonnaise – ein Rezept, für das es an der italienischen Riviera hunderte Varianten gibt. Grappa intensiviert auch Genueser Pesto, gibt dem Geschmack nach Olivenöl duftender Antipasti einen pikanten Touch und lindert als Sorbet die Hitzewallungen zwischen oder nach einem sommerlichen Menü.

Auch der Süden kommt auf den Geschmack. Ob neapolitanische Pizza oder Bruschetta aus Apulien – mit ein wenig Grappa bepinselt, wird der Geschmack des warmen Brotes, werden die Kräuterdüfte intensiviert. »Sete«, ein Dessert aus seidig-zarten Granatäpfeln und mit Grappa aromatisiert, wird im Süden ebenfalls gern gegessen.

Grappadüfte auch über ländlichen Käsereien: Regelmäßig mit Grappa abgebürstet, reifen lokale Käsespezialitäten in der Emilia-Romagna oder im Piemont. Dort wird der örtliche Brand auch gerne zum Abschmecken der »Fonduta« verwandt, eines dicken Breis aus Fontina-Käse des Aostatals, geschmolzen und mit Milch und Eigelb verrührt. Zieht dann der Herbst mit der Zeit der Weinlese und der Grappa-Destillation ins Land, serviert die Piemonteser Winzerin »Bagna Caoda« – einen cremigen Dip aus Knoblauch, Öl und Sardellen, der mit einem Schuss Grappa verdaulicher gemacht wurde und in den Gemüse und Grissini getaucht werden.

Im Alto Adige, Südtirol, lassen die Bauern ihre Brennblasen entplomben und laden zu »Brenntagen«: Freunde kommen zusammen, ein Schwein wird geschlachtet oder beim Metzger Wurst und Rippchen geordert, die dann im »Hut«, dem oberen Teil des Brennkessels, im heißen Tresterdampf gegart werden – was der Grappa rustikales Odeur und dem Fleisch einen einzigartigen Wohlgeschmack verleiht. Auch bei der Herstellung von Salami und Bratwurst im eigenen Haus wird der kräftige Schuss Grappa nicht vergessen. Die Wildsaison erlebt Grappa als Aromat an intensiven Saucen, als Geschmacksgeber an Preiselbeeren oder als Teil der Marinade für das Rehgulasch.

Steht Weihnachten vor der Tür, werden auch in Italien die Öfen angeheizt und Plätzchen gebacken, was das Zeug hält. Der lombardische, auch in der Toskana beliebte Panettone wird mit Grappa beträufelt, im ältesten Café Venedigs, dem »Florian«, werden Biscotti mit Birnen-Grappa serviert. Und die Hausfrau parfümiert Kekse und Gebäck für den Weihnachtsteller mit ihrem Hausbrand – Grappa.

Mixen mit Grappa

Als Bargetränk und Mixspirituose wird der Freund klassischer Trinkkultur sein Lieblingsgetränk nur selten finden. Da hilft es auch wenig, wenn Kultbrenner Jacopo Poli meinem geschätzten amerikanischen Kollegen Stephen Beaumont seinen Geheimtipp verrät: Grappa on the Rocks, bevorzugt die eigene ... Der Grund, den bekannte Barkeeper immer wieder nennen: »Früher hatte Grappa kein Image, heute sind gute Grappe zum Mixen zu teuer.« Ein Argument, mit dem sich Jacopo Poli auseinander setzen muss, das die Erzeuger von Marken-Grappe aber nicht gelten lassen wollen. Ihre Produkte sind aromaintensiv, dekorativ, aber nicht aufwendig verpackt und bieten bezahlbare Qualität. Die Aktionen der großen Destillerien, des Verbandes der Grappaverkoster und der italienischen Sektion der International Bartenders Association, der Berufsvereinigung professioneller Barkeeper, haben in den letzten Jahren zu einer wahren Flut an neuen Cocktail-Kreationen geführt. Auf internationalem Parkett konnte jedoch noch keiner der Grappa-Drinks die internationale Trophy der IBA gewinnen (mehr zu den Siegerrezepten unter www.iba.au.com/ibachamp.html). Das ist schade und auch ein wenig erstaunlich, denn Amaretto, der andere Renner aus Italien, ist dort schon fast Standardzutat.

La Grappa, die ungestüme Schöne, teilt ihre Bühne scheinbar nicht gerne mit Campari, Cointreau & Co. Vielleicht würde sie sich aber zu einem Gastspiel in den klassischen Cocktail-Kategorien herablassen? Die Probe aufs Exempel fand bereits statt und eine charmante Begleitung an Bartresen und Tafel wurde auch gefunden.

So wurde etwa dem Sour, Standardkategorie schon in den wilden Dreißiger Jahren eine Chance gegeben. Für den »Grappa-Sour« nehme man 2-3 cl Zitronensaft, 1-2 cl Zuckersirup sowie 5 cl Grappa und verrührt alles auf Eis.

Mit Soda aufgefüllt, wird der Grappa-Sour zur »Livia Collins«, der italienischen Schwester von Tom Collins (Saft, Sirup und Soda mit Gin), Pedro Collins (mit Rum), Sandy Collins (mit Scotch) bzw. Pepito Collins (mit Tequila).

Wird der Dreiklang Saft, Sirup und Spirituose nicht gerührt, sondern geschüttelt und mit Soda aufgefüllt, entsteht ein Grappa-Fizz.

Schön auch ein Grappa-Highball: Grappa auf Eis mit Soda aufgefüllt, mit einem Spritzer Orangenbitter abgeschmeckt und einer Zitrusschale garniert – besonders zu empfehlen mit einer Grappa di Moscato.

Besonders elegant aber kommt die Grappa in einem Julep zur Geltung, einem Cocktailtyp, den schon Scarlett O'Hara in seligen Südstaatenzeiten schätzte ... Für den Grappa-Julep werden frische, aromatische Minzblätter mit Zucker gemörsert, mit etwa 4 cl Grappa und gestoßenem Eis bis zum Glasrand aufgefüllt und mit einem Minzezweig dekoriert.

Natürlich passt Grappa hervorragend zum Kaffee – der »Café Corretto«, heißer Espresso mit einem Schuss Grappa, ist ein italienisches Nationalgetränk. Wie gut ein Cold Coffee mit Grappa schmecken kann, sollten Sie probieren: erstklassigen Espresso mit reichlich Zucker kalt werden lassen, mit 2 cl Grappa verrühren und mit Nelken und Zimtpulver würzen – ein echter Fitmacher.

Und was läge näher, als eine Prosecco-Grappa mit Prosecco Spumante aufzufüllen und mit einem Schuss Grapefruitsaft abzuspritzen?

Grappe, bisher kaum durch klassische Cocktail-Rezepte vereinnahmt, als ausgesprochen aromatische Spirituose aber durchaus eine interessante Mix-Basis, können also nicht nur Puristen Raum für Experimente und Entdeckungen bieten.

Ein Digestif-»Wagen« und keine Grappa-Bar.
Wann kommt die erste?

Bezugsquellen

AixVinum Aachen – Niklas Kudlek
Tel. 0241/660 30;
Fax 0241/605 20 21

ALVA P.S. vino italiano
H. Cuvelier
Venheyde 26; 41844 Wegberg
Tel. 02823/41 97 59; Fax 02823/
41 97 85; wein@alva-p-s.de

Andersson & Kemnitz
Weinimport GmbH
Holstenkamp 42; 22525 Hamburg
Tel. 040/851 26 96

Ars Vivendi Weine
Taschenturmstr. 10; 85049 Ingolstadt; Tel. 0841/91 09 63

Bruvino – FeinschmeckerInnen-Vinothek in Dornbirn
Bahnhofstr. 12, A-6850 Dornbirn
Tel. 0043/5572/212 69; Fax 0043/
5572/287 04; bruvino@i-one.at,
www.bruvino.at

Buchenberger Weinhandlung
Klaus Klier
Warthausen 36; 87474 Buchenberg; Tel. 08378/79 47; Fax
083/78 92 35 14; info@viniteca.de
www.viniteca.de

Cantina Rabajà – Michael König
Kreuzlingerstr. 7; 78462 Konstanz
Tel. 07531/91 78 84; Fax 07531/
178 85; CantinaRabaja@t-online.de
www.cantina-rabaja.de

Castel Cosimo
Kieler Str. 450; 22525 Hamburg
Tel. 040/540 71 10

Cavatappi – Hans-Jürgen Maurer
Postplatz 7; 71032 Böblingen
Tel. 07031/23 75 75; Fax 07031/
22 64 52; info@cavatappi.de;
www.cavatappi.de

Das Weinhaus – Markus Angerer
Gut-Betha-Platz 4; 88339 Bad Waldsee; Tel. 07524/91 54 59
www.weinhaus-waldsee.de

Dellbrücker Weinhaus
Uwe Wilhelm Lorenz
Dellbrücker Hauptstr. 143;
51069 Köln; Tel./Fax 0221/
68 44 66; uwlorenz@aol.com
www.dellbruecker-weinhaus.de

Der italienische Weinladen
Wolfram Thiele
Gautinger Straße 61;
82234 Weßling-Oberpfaffenhofen
Tel. 08153/95 21; Fax 08153/
95 21 41; weinladen@derthiele.de

Der Saltner
Dr. Lutz Heim
Am Hasselteich 30;
38104 Braunschweig
Tel. 0531/37 72 13; Fax 0531/
237 16 55; info@saltner-wein.de;
www.saltner-wein.de

Der Wein-Klein – Uwe Klein
Stefanstr. 18; 55257 Budenheim
Tel./Fax 06139/29 07 38
weinklein@aol.com
www.weinklein.de

Deuna GmbH – Bernd Linser
Graupener Straße 3;
86167 Augsburg; Tel. 0821/
74 77 00; Fax 0821/74 77 25
linser@deuna.de; www.deuna.de

Di Gennaro Feinkost- und Weinimport GmbH
Ulmer Str. 181; 70188 Stuttgart
Tel. 0711/168 53-0;
Fax 0711/168 53-33

Divinum – Jan Kiegeland
Torstraße 101, 10119 Berlin
Tel. 030/44 34 18-70; Fax 030/
44 34 18-71; info@divinum.de

Enoteca141
Lydia Zarbano e.k.
Langendorfer Str. 141;
56564 Neuwied
Tel. 02631/95 34 81;
Fax 02631/95 34 82
enoteca141@web.de

Enoteca italiana – Carola Seitz
Andreasstr. 10; 93059 Regensburg
Tel. 0941/865 07;
Fax 0941/89 75 20
roland@enoteca-italiana.de
www.enoteca-italiana.de
www.dessertweine.de

Enoteca Marion Oberbossel
Marion Oberbossel
Achenbachstr. 157; 40237 Düsseldorf; Tel. 0211/691 11 91;
Fax 0211/691 12 96
www.enoteca-wein.de

Felix Rauter GmbH & Co. KG
Brunnenstr. 15–23; 45128 Essen
Tel. 0201/820 76-0; Fax
0201/820 76-60; info@rauter.de

G. Michaelis
Beethovenweg 7; 27404 Zeven
Tel.04281/25 19; Fax 04281/84 75
Edler@weinundwhisky.de

Gisy Vino
Groß-Buchholzer Kirchweg 72b;
30655 Hannover; Tel. 0511/
546 34 34; Fax 0511/54 82 83
www.gisyvino.de

Grappa-Haus – Manfred Springer
Eugen-Richter-Straße 11/34;
34134 Kassel

Grappanet – Andrea Niekamp
Alpenweg 6; 32120 Hiddenhausen
Tel. 0700/80 18 01 80; Fax 0700/
80 18 01 80; info@grappanet.de

H. F. von Melle
Beckergrube 86; 23552 Lübeck
Tel. 0451/710 59; Fax 0451/
774 62; info@von-melle.de
www.von-melle.de

Eggers & Franke GmbH & co. KG
Hans Jung
Töferbohm 8; 28195 Bremen
Tel. 0421/30 53-0; Fax 0421/
30 53-111; office@egfra.de

Hans Peutler
Gertrud-Bäumler-Weg 3;
93055 Regensburg; Tel. 0941/
76 00 35; Fax 0941/784 24 80
info@vinothekpeutler.de
www.vinothekpeutler.de

Heinrich Frick OHG
Weingut – Weinversand
Naheweinstr. 3; 55585 Duchroth
Tel. 06755/92 50; Fax 06755/92 55
info@frick-wein.de
www.frick-wein.de

Ihr WeinExpress-Team
Buchenweg 37; 49186 Bad Iburg
Tel. 05403/733 81; Fax. 05403/
733 87; info@weinexpress.de

Il classico – Georg Böck
Italienische Weine – Weinimport
Kaiser-Max-Str. 24; 87600 Kaufbeuren; georgboeck@aol.com

Il Nuraghe – Herr Retsch
Theresienplatz 17;
90403 Nürnberg

Interwines.de Weinversand
Ulrich Janssen
26736 Manslagt/Emden
www.interwines.de
weinversand@email.de
info@interwines.de

Italhandel Import GmbH
Billbrookdeich 32; 22113 Hamburg
Tel. 040/73 61 00-0;
Fax. 040/73 61 00-90

La Bottega Toscana
Gelnhäuser Str. 36;
63589 Linsengericht-Großenhausen; Tel. 06051/677 77;
Fax 06051/614 67
labottegatoscana@t-online.de

La Comedia di Vino –
Direktimport und Versand
Peter Bromig
Wilhelmstrasse 58;
76137 Karlsruhe
Tel. 0721/384 22 57;
Fax 0721/38 66 72
pbr@lacomediadivino.de

Lorenz & Cavallo Weinimport
Weisser Strasse 143–145, Halle 10;
50999 Köln–Rodenkirchen
Tel. 0221/39 47 01 und
39 13 80; Fax 0221/35 48 72
lorenz-cavallo@netcologne.de
www.presenter.de/lorenz-cavallo

Lowin WeinHdl.
Schierker Str. 2; 28205 Bremen
Tel. 0421/498 67 06

Luigi Import
Reinickendorfer Str. 47;
13347 Berlin

Lunaris Wein & Kunst
Dr. Birgit Puck & Thorsten
Garbers GbR
Bismarckstraße 112; 20253 Hamburg; Tel. 040/43 25 11 33; Fax
040/430 61 49; info@lunaris.de

Maringer Weinfachhandel GmbH
Egbert van Griethuysen
Iserlohner Str. 32; 59423 Unna
Tel. 02303/869 66; Fax 02303/
805 90; www.maringer-weine.de

markgräfler-weinservice
Eggenerstr.8; 79418 Schliengen-Liel; Tel. 07635/82 68 91;
Fax 07635/82 68 92
www.markgraefler-weinservice.de
info@ markgraefler-weinservice.de

Max Piehl
Hardenstraße 51; 20539 Hamburg
Tel. 040/78 04 82-0 und
78 13 13/14; Fax 040/78 21 49
info@maxpiehl.de
www.maxpiehl.de

Molemab GmbH
Königsstraße 77/83; 42857 Remscheid; Tel. 02191/84 00 33;
Fax 02191/84 00 35

Oess Getränke-Center GmbH
Björn Oess
Steige 51; 74821 Mosbach-Diedesheim; Tel. 06261/71 22;
Fax 06261/93 68 29; firma@oess.de
www.oess.de; www.ein2u.de

Othello Bisotti KG
Winsbergring 12; 22525 Hamburg
Tel. 040/85 37 52-0

Peter Riegel Weinimport
Steinacker 12; 78359 Orsingen
Tel. 07774/931 30; Fax
07774/93 13 12; info@riegel.de
www.riegel.de

Selezione Vini – Import & Vertrieb
Gerberstr. 12a; 87538 Fischen
Tel. 08326/352 72;
Fax 08326/351 87

Smart-Wines GmbH
Kathrin Brunath
www.smart-wines.de
kathrinbrunath@smart-wines.de

Strien Weinimport – Ulrich Strien
Nellinger Strasse 2; 70619 Stuttgart;
Tel. 0711/44 10 32-0; Fax 0711/
44 10 32-22; ulrich@strien.com
www.strien.com

Thilo Marquaß
Rolf Kaspar GmbH
Ruhrallee 59; 45138 Essen
Tel. 0201/27 34 18
www.kaspar-spirituosen.de

Tortellino, Frische italienische Nudeln – Inge Leffhalm
Neue Weinsteige 3; 70180 Stuttgart;
Tel. 0711/607 59 70
Fax 0711/607 59 71
inge.leffhalm@tortellino.de

VIF-Weinhandel GmbH
Frank Roeder
Kreppstr. 7; 66333 Völklingen
Tel. 06898/270 70; Fax 06898/
270 72; vif-weinhandel@vif.de

vinello _ Feine Weine
Import & Großhandel,
Hubert Koller
Nobelstr. 49; 93158 Teublitz
Tel. 09471/30 12 47; Fax 09471/
30 12 48; vinello@t-online.de
www.vinello.de

Vini d'Italia/Weinimport Kleuters
Adam Stegerwald
Hof 1; 41812 Erkelenz
Tel. 02431/66 96;
Fax 02431/15 53
info@weinimport.net

Vinissimo – Thomas Zeller
Schubertstraße 6; 80336 München
Tel. 089/538 92 04-208; Fax
089/538 93 04; www.vinissimo.de
info@vinissimo.de

vino e olio – Martina Polixa
Carolus-Magnus-Straße 19;
52531 Übach-Palenberg
Tel. 02451/91 14 80
vinoeolio@t-online.de;
Martina.Polixa@vinoeolio.de
www.vinoeolio.de

Vinoteca Manuela Ellner
Krumme Fohre 32;
95359 Kasendorf; Tel.
09228/52 32; Fax 09228/72 61;
info@vinoteca-ellner.de
www.vinoteca-ellner.de

Vinothek Bogenhausen
Gerda Morberg
Stuntzstraße 30; 81677 München
Tel./Fax 089/47 27 99
www.vinothek-bogenhausen.de

Vinothek Boller-Weine
Hansjörg Boller
Stettener Straße 1; 79801 Hohentengen a.H.; Tel. 07742/57 07; Fax
07742/58 65; info@boller-weine.de
www.boller-weine.de

Vinothek Der Weinhändler
Günter Häberlin

Villa beim Gewerbepark
A-6830 Rankweil
www.derweinhaendler.com

Vinothek Haberer
Panoramaweg 7; 78089 Unterkirnach; Tel. 07721/511 45;
Fax 07721/598 04

Vinothek Nick
Poststrasse 4; 56759 Kaiseresch
Tel. 02653/91 04 13; Fax 02653/91 04 14; www.vinothek-nick.de
bnick@vinothek-nick.de

Vinothek Peutler & Aumüller
Stute Wein & Sekt, Bernhard Stute
Bismarckstraße 170; 47057 Duisburg; bernhard.stute@t-online.de
info@stute-weinundsekt.de

Vom Fass Deggendorf
Peter Fleischmann
Michael-Fischer-Platz 18;
94469 Deggendorf

Weber, Philipp WeinHdl.
Siegbert Weber
Franziskanerstr. 13; 88662 Überlingen; Tel. 07551/649 52

Wein & Mehr – A. John
Friedrichstraße 93; 42551 Velbert
Tel. 02051/214 84; Fax 02051/31 98 99

Wein und mehr – Hennig und Sohn
Winfried Hennig
Tel. 04106/61 20 27; Fax 04106/65 88 28; www.webweinshop.de

Weine-aus-Italien.net
Thomas D. Kellermann
Heiliggrabstraße 53; 96052 Bamberg; Tel. 0951/603 06 58

Weine & Feines – Stefan Macha
Rahmengasse 12; 69120 Heidelberg

Weinhandel Esser OHG
Kleinstraße 44; 81379 München
Tel. 089/723 74 33 (abends im Büro), 089/30 60 05 (tagsüber im Weinlager); Fax 089/89 30 60 06
kh-esser@weinhandel-esser.de
www.weinhandel-esser.de

Weinhandel Kappus
Gütersloher Str. 266A;
33649 Bielefeld; Tel. 0521/489 59 84; Fax 0521/13 62 19 87

Weinhaus Erich Hartl
Aeulestraße 6; 72074 Tübingen
Tel. 07071/820 11; Fax 07071/98 75 25; hartl@weinpur.de.

Weinhaus Haar
Obere Bahnhofstraße 10;
71522 Backnang; Tel. 07191/686 04; Fax 07191/686 02
info@weinhaus-haar.de
www.weinhaus-haar.de.

Weinhaus Oberhuber
Hans Oberhuber
Ehrengutstraße 20;
80469 München
Tel. 089/725 87 06;
Fax 089/725 73 92

Weinimport E. Cresceri
In den Obergärten 5;
63329 Egelsbach; Tel. 06103/427 45; Fax 06103/424 30
information@weinimport-cresceri.de
www.weinimport-cresceri.de

Weinimport Harald L. Bremer
Annette von Broock
Efeuweg 3; 38104 Braunschweig
Freecall 0800/023 73 60;
Fax 0531/37 30 22;
bremerwein@t-online.de
www.bremerwein.de/

Weinkellerei Anton Vollmann
Martin Link
Rosenstraße 2; 89257 Illertissen
Tel. 07303/34 38; Fax 07303/73 98

Weinkontor Strecker
Pascal Strecker
Murkenbachweg 107;
71032 Böblingen
Tel. 07031/28 85 46;
Fax 07031/28 18 85
p.strecker@weinkontorstrecker.de
www.weinkontorstrecker.de

Weinzirkel – Vinothek Löbbe
Klaus Löbbe
Mühlenstraße 45a; 58285 Gevelsberg; Tel. 02332/135 92;
Fax 02332/148 16

Zur Weinhöhle
Stephan Fladerer
Frankenstr. 2; 82256 Fürstenfeldbruck; Tel. 08141/249 99;
Fax 08141/249 90
www.weinhoehle.de

Grappa probieren …

In vielen Weinbaugebieten Italiens finden sich regionale Probierstuben (Enoteca), in denen auch Grappa probiert und gekauft werden kann. Eine aktuelle Übersicht über die Enoteche mit Adressen findet sich unter: www.assoenoteche.it/enoteche.htm. Hier einige Beispiele:

Piemont
BAROLO – Enoteca Regionale del Barolo
CASTAGNOLE DELLE LANZE – Bottega del Vino di Castagnole Lanze
COSTIGLIOLE D'ASTI – Cantina dei Vini Enoteca del Barbera
DOGLIANI – Bottega del Vino Dolcetto
NIZZA MONFERRATO – Vineria »la Signora in Rosso«
PORTACOMARO D'ASTI – Bottega del Grignolino
QUARANTI – Bottega del Vino »Brachetteria«
ROPPOLO – Enoteca Regionale della Serra
VIGNALE MONFERRATO – Enoteca Regionale del Monferrato

Ligurien
CASTELNUOVO MAGRA – Enoteca Regionale della Liguria e della Lunigiana

Friaul-Julisch-Venezien
CORMONS – Enoteca Comunale di Cormons
GRADISCA D'ISONZO – Enoteca Regionale del Friuli Venezia Giulia »La Serenissima«

Venetien
PRAMAGGIORE – Enoteca Regionale del Veneto

Emilia-Romagna
DOZZA – Enoteca Regionale Emilia Romagna

Toskana
SIENA – Enoteca Italiana

Marken
JESI – Enoteca Regionale Marchigiana;
OFFIDA – Enoteca Regionale

Abruzzen
ORTONA – Enoteca Regionale d'Abruzzo

Sardinien
BERCHIDDA – Enoteca Regionale della Sardegna

Register